Finanzierungsnot der Streitkräfte

Alternative Methoden der Kapitalbeschaffung am Beispiel von Leasing

D1665521

GESELLSCHAFT FÜR MILITÄRÖKONOMIE E. V.
- Gemeinnütziger Verein -
in Zusammenarbeit mit
W. L. GORE & ASSOCIATES GmbH
Unternehmensbereich Textil Technologien

Finanzierungsnot der Streitkräfte

Alternative Methoden der
Kapitalbeschaffung am
Beispiel von Leasing

W. L. GORE & Associates GmbH
Unternehmensbereich Textil Technologien
Hermann-Oberth-Str. 24
85640 Putzbrunn bei München
Telefon (0 89) 46 12-0
Telefax (0 89) 46 12-26 10

GESELLSCHAFT FÜR MILITÄRÖKONOMIE E. V.

- Gemeinnütziger Verein -

1. Vorsitzender: Prof. Dr. G. Kirchhoff
Pollnstr. 3a
85221 Dachau
Telefon (0 81 31) 1 08 07
Telefax (0 81 31) 2 67 37

Vorliegende Schrift gibt die Ergebnisse des Symposiums „Finanzierungsnot der Streitkräfte" in Bad Marienberg wider. Diese Veranstaltung wurde von der Gesellschaft für
Militärökonomie e. V. in Zusammenarbeit mit der Firma W. L. Gore & Associates GmbH
veranstaltet. Das Symposium fand am 14.-15.März 1998 im Europa-Haus Marienberg in
Bad Marienberg statt.

Organisatoren:
Matthias Witt, W. L. Gore & Associates GmbH, Putzbrunn
Generalmajor a. D. Dr. Johannes Gerber, Koblenz
Wolfgang Reineke, Heidelberg

Umschlag, Gestaltung, Satz:
Alexander Stan, W. L. Gore & Associates GmbH, Putzbrunn
Druck:
Lipp GmbH Graphische Betriebe, Meglingerstr. 60, 81477 München

ISBN 3-925042-11-3

Einführung in die Thematik:
Finanzierungsnot der Streitkräfte

em. Prof. Dr. Dr. h.c. Oswald Hahn
Friedrich-Alexander-Universität
Erlangen-Nürnberg

I. Finanzierungsnot der Streitkräfte als weltweites und zeitneutrales Problem

Wer eine Veranstaltung wie diese eröffnet, muß etwas weiter ausholen und darf sich nicht auf Leasing beschränken, das zwar laut Programm als Mittelpunkt des Symposiums gilt, aber nur drei von sieben Vorträgen umfaßt. Ich versuche daher, das Thema in einen etwas weiteren Rahmen zu stellen.

Angesprochen ist zunächst die Finanzierungsnot der Streitkräfte. Es könnte die Ansicht vertreten werden, daß es sich dabei um eine spezielle Erscheinung unserer Tage handelt. Das stimmt nicht. Bereits seit Bestehen der Bundeswehr übersteigen deren Bedürfnisse den Etat bei weitem. Aber es wäre auch verfehlt, dies als Besonderheit der letzten Jahrzehnte anzusehen oder gar als spezifisch deutsch. Mit Ausnahme der amerikanischen Armee in den vier Jahren des zweiten Weltkrieges konnten Streitkräfte noch nie in der Geschichte mit voller Mittelbereitstellung rechnen. Weltweit und zeitneutral mußte immer zurückgesteckt werden. Das gilt im übrigen nicht nur für alle Gewährleistungsbetriebe, sondern für jede Betriebswirtschaft.

Es gibt nun zwei Möglichkeiten, mit dieser Differenz zwischen Bedarf und Mittelbereitstellung fertigzuwerden. Man versucht entweder, eine Erhöhung des Etats zu erreichen oder aber seinen Bedarf zu reduzieren. Dabei kann das zweite auch als ein Weg angesehen werden, das Parlament von der Notwendigkeit einer Etaterhöhung zu überzeugen und die Bereitstellung zusätzlicher Mittel zu erreichen. Das muß dann durch eine entsprechende Argumentation erfolgen, die sich ständig wiederholt, die aber nicht von Soldaten, sondern vor allem von den Kreisen der Gesellschaft vorzutragen wäre, die eine entsprechende Stärke der Streitkräfte auf ihr politisches Programm gesetzt haben. Die Zurückhaltung des Soldaten unterstreicht den Unterschied zu anderen Gruppen unserer Gesellschaft - man denke nur an die Universitäten.

II. Erhöhung des deutschen Wehretats 1998 ff.?

Auch wenn es nicht zum eigentlichen Thema gehört, möchte ich zunächst die erste Möglichkeit ansprechen: Die Notwendigkeit einer Erhöhung des Verteidigungsetats. Wenige Journalisten, kaum Politiker äußern sich dazu - daher muß ich es tun.

a) Die Begründung

Vier wesentliche Argumente sprechen dafür. Erstens sind häufige Unfälle infolge mangelhafter Materialversorgung und zu geringer Übungstätigkeit sowie fehlende Nutzung des Reservistenpotentials angesichts fehlender Mittel deutliche Zeichen dafür, daß der Wehretat in unverantwortlicher Weise zurückgefahren wurde: Innerhalb der letzten zehn Jahre auf knapp die Hälfte, wenn man beide em. Prof. Dr. Dr. h.c. Oswald Hahn

7

damaligen deutschen Staaten zusammennimmt. Zweitens verlangt die Vielzahl der Bedrohungsszenarien auch nach Ende des kalten Krieges und trotz Verstärkung der NATO im Hinblick auf US-amerikanische Rückzugswarnungen auch zusätzliche deutsche Verteidigungsanstrengungen, die mit dem gekürzten Etat nicht erfüllt werden können. Drittens ist die Bundesrepublik ein sehr reiches Land - das geht schon daraus hervor, daß unsere jährlichen Ausgaben sowohl für Süßigkeiten als auch für Alkohol und Zigaretten den Wehretat übersteigen und wir uns eine kostenlose Ausbildung der jungen Generation leisten, die international als einsame Spitze gelten muß. Viertens verlangen fünf Millionen Arbeitslose eine entsprechende antizyklische Finanzpolitik. Es ist eine Ironie der Geschichte, daß sowohl beim Aufbau der Bundeswehr als auch heute die antizyklische Finanzpolitik nicht realisiert wurde: Bei der damaligen Hochkonjunktur konnte man dies nicht, und heute will man es nicht.

b) Die Gegenargumente
Den vier Pro-Argumenten stehen vier, zwar widerlegbare, aber trotzdem geglaubte Argumente gegenüber. Erstens wird auf die Friedensdividende gepocht, zweitens sieht man Steuererhöhungen als schädlich für den Standort Bundesrepublik Deutschland an, drittens haben die bundeswehrfreundlichen Kräfte nicht den Mut, öffentlich Stellung zu beziehen - es ist nicht „in", sich nicht nur mit unverbindlichen Worten, sondern auch mit Taten für die Bundeswehr zu engagieren -, und viertens beherrschen die Euro-Kriterien die Politik.

c) Das traurige Fazit
Ebenso wie in der Zeit des kalten Krieges vernachlässigen wir sträflich die Anstrengungen für die Verteidigung. Es wäre zu einfach, hierfür die öffentliche Meinung verantwortlich zu machen: Es ist fehlender Mut der Politiker von Koalition und rechtem Flügel der SPD, mit dem wir leider leben müssen. Daß Grüne und linker SPD-Flügel die Bundeswehr abschaffen oder zumindest halbieren und den Wehretat nochmals drastisch kürzen wollen, ist voll verständlich im Hinblick auf deren politische Ziele. Die andere Richtung müßte aber kämpfen. Sie tut es nicht: Man vergißt, daß dort der Primat der Politik nicht nur Rechte begründet, sondern auch die Erfüllung von Pflichten verlangt. Daher scheidet eine ohne weiteres mögliche Etaterhöhung aus.

III. Übersicht über die Möglichkeiten der Mitteleinsparung
Damit komme ich zur Mitteleinsparung im allgemeinen und am Ende zum Leasing im besonderen. Der Betriebswirt sieht drei Möglichkeiten der Mitteleinsparung.

a) Die Bedarfsreduzierung
Der erste Weg - die Bedarfsreduzierung - bietet vier Alternativen.
1. Das Bündnis als Instrument nationaler Bedarfsreduzierung
Österreich, die Schweiz und Finnland hätten theoretisch die Möglichkeit, über den NATO-Beitritt den Bedarf für ihre Streitkräfte zu reduzieren: Jede Kooperation macht stärker und erspart dem einzelnen Mittel. Die

Bundesrepublik Deutschland hat diesen Weg bereits mit Gründung der Bundeswehr beschritten. Eine Erweiterung der NATO würde dann ein Sparpotential auch für die Bundesrepublik eröffnen, wenn zur personellen Zunahme auch eine Verstärkung des Potentials an Waffensystemen hinzukäme. Das Gegenteil ist der Fall: Die neuen Verbündeten müssen weitgehend total neu ausgerüstet werden - haupsächlich auf Kosten der „alten" Partner im allgemeinen und der Bundesrepublik im besonderen.

2. Der Übergang zum Milizsystem

Eine zweite Möglichkeit wäre der Ersatz unseres heutigen Wehrsystems durch die Miliz, also die Abschaffung der Berufs- und Zeitsoldaten. Das bedeutet den totalen Ersatz der Personalaufwendungen des Staates durch Subventionen von Soldaten und deren Arbeitgeber. Wilhelm Hasenack hat ein solches Verhalten schon sehr früh als „parasitäre Aufwandsüberwälzung der Betriebe" bezeichnet. Dieser Weg scheitert aber heute vor allem wegen der Anforderung an den modernen Soldaten angesichts der gestiegenen Zahl an Konfliktbildern und im Hinblick auf die Notwendigkeit zu ständigen Out-of-area-Einsätzen. Auch in der Schweiz mehren sich die Stimmen, die eine Ergänzung der Milizkomponente verlangen, die dort ja bei der Luftverteidigung schon lange erfolgt ist.

3. Zusammenschluß von Bundeswehr und Bundeswehrverwaltung

Ein großes Sparvolumen würde mit der Übernahme der Bundeswehrverwaltung durch die Bundeswehr realisiert - um mit Johannes Gerber zu sprechen: Mit der Korrktur des fatalen Übersetzungsfehlers des Jahres 1955 („Civil Control" als „zivile Kontrolle" anstelle „Primat der Politik"). Die vielbesungene Arbeitsteilung hat sich zu einem häufigen Nebeneinander entwickelt, das potentielle Synergieeffekte größeren Ausmaßes in sich trägt. Aber auch diese Möglichkeit - die in den '50iger Jahren eine Verstärkung der Bundeswehrkapazität erlaubt hätte - scheidet aus: Einmal angesichts des breiten parlamentarischen Widerstandes - der völlig abwegig begründet wird - und zum andern im Hinblick auf den damit verbundenen Wegfall von Arbeitsplätzen.

4. Reduzierung der Bundeswehr-Kapazität

Nicht nur Bundeswehrgegner versprechen sich viel von einem Kapazitätsabbau. Das bedeutet Reduzierung von Personal, der Anzahl der Waffen und Streichung neuer Waffensysteme, beispielsweise Verzicht auf den Eurofighter. Das wäre gleichbedeutend mit einem Verzicht auf wirksame Einsatzmöglichkeiten im allgemeinen, aber auch auf wirksame Verteidigung im Hinblick auf drohende weltweite Raketenangriffe. Allenfalls würde der Übergang zur Freiwilligenarmee Personal einsparen, aber das wäre verbunden mit höheren Personalkosten.

5. Fazit

Das Ergebnis der Betrachtungen läßt sich in einem Satz festhalten: Die Bedarfsreduzierung scheidet als Alternative für die Bundeswehr praktisch aus.

b) Reduzierung der Beschaffungspreise

Die zweite Möglichkeit zur Mitteleinsparung spricht die uralte Regel der Unternehmen bei Vorliegen von Käufermärkten an: „Im Einkauf liegt der Gewinn." Das ist ohnehin die Alternative der Gewährleistungsbetriebe, denen die Möglichkeiten von Preiserhöhungen im Absatzsektor fehlen. Hier bieten sich zwei Ansatzpunkte an.

1. Reduzierung der Beschaffungspreise

Die erste Möglichkeit ist ein Druck auf die Preise der Lieferanten, was erstens einem Monopolnachfrager wie die Bundeswehr im Bereich der Waffensysteme und sodann zweitens im Hinblick auf die internationale Konkurrenz leicht möglich ist. Das zweite ist allerdings mit Hindernissen gepflastert: Ich erwähne hier die Lobby der Rüstungsindustrie und den Druck durch die Abgeordneten der betreffenden Rüstungsstandorte. Es bleibt der erste Tatbestand - der nicht viel, aber immerhin etwas verspricht. Hier böten sich Chancen der Preisreduzierungen bei der Rüstungsindustrie, wenn den Rüstungsproduzenten durch Exportmöglichkeiten eine Kostendegression zu erreichen wäre. Diesen Weg haben wir uns verbaut - im Gegensatz zu den meisten waffenprodzierenden Ländern.

2. Reduzierung der Ansprüche

Zur Aufzeigung des zweiten Ansatzes zitiere ich den früheren Schweizer Generalstabschef Korpskommandant Häsler aus 1982: „Genügendes belassen, fehlendes Notwendiges beschaffen und auf Wünschbares verzichten. Georg Leber sprach das gleiche aus mit der Forderung, sich für die „zweitbeste Alternative" zu entscheiden. Der Bundesrechnungshof - dessen Kontrolleure im Bereich des Einzelplanes 14 teilweise von Sachkenntnis nicht allzusehr getrübt waren - hat ständig Beispiele tatsächlicher Verschwendung aufgezeigt, vor allem Prestigeobjekte außerhalb der Kampfverbände. Außerdem akzeptieren bzw. offerieren Techniker in Bundeswehr und bei Lieferanten nicht selten Forschungsergebnisse, die für den tatsächlichen Gebrauch überflüssig sind, aber den Techniker begeistern. Eine Wertanalyse wäre hier oftmals angebracht. Hier ließe sich ebenfalls etwas sparen.

c) „Kapitalersatz bzw. Finanzierungsvermeidung"

Nach der Bedarfsreduzierung und dem Druck auf Lieferanten nähere ich mich dem eigentlichen Thema mit dem, was die Betriebswirtschaftslehre als „Kapitalsurrogate" oder „Finanzierungsvermeidung" bezeichnet hat - mit sechs Ansatzpunkten.

1. Die „Vermögensliquidation"

Die erste Alternative spricht den Verkauf von nicht mehr benötigtem Wehrmaterial an. Erstens die Veräußerung von ausgesondertem Material, zweitens Verkäufe von Wehrmaterial im Gefolge der Abrüstung (in der Bundesrepublik insbesondere Waffensysteme der NVA). Politische Überlegungen schließen den zweiten Weg zur Mittelbeschaffung weitgehend aus. Als Alternativen wurden Zerstörung oder Verschenken an befreundete Staaten gewählt, was nichts einbringt. Die dritte Möglichkeit ist demgegenüber sehr ergiebig. Genannt sei die große Zahl der Liegenschaften, auf die die Bundeswehr verzichtet hat. Ich halte dies zwar weitgehend für eine Fehlentscheidung, will aber darauf nicht weiter eingehen. Die damit erzielten Milliarden-Verkaufserlöse kommen jedoch nicht der Bundeswehr, sondern - wie alle Liquidationserlöse von Budgeteinheiten - unter Verweis auf den „Grundsatz der Nichtbindung" (Prinzip der Gesamtdeckung des Haushalts) dem Bundeshaushalt insgesamt zugute, der davon allenfalls über den Etat der Bundeswehr etwas abgibt, wenn überhaupt!

2. Selbsterwirtschaftete Überschüsse

Zweiter Ansatzpunkt sind erwirtschaftete Ersparnisse, also Verbrauchsminderungen der Truppenteile. Diese kommen zwar dem Verteidigungsetat zugute. Erstens sind jedoch die Möglichkeiten beschränkt - praktisch nur Energieverbrauch -, während die übrigen Ersparnisse keine Mittelreduzierung, wohl aber eine Steigerung der Leistungsqualität bedeuten können. Sie erhöhen damit ohne Mehretat die Kapazität. Leider fehlten lange Zeit Anreize zur Einsparung für die Truppenteile - erst seit einigen Jahren haben sich hier Verbesserungen ergeben: Übertragbarkeit in sachlicher und zeitlicher Hinsicht. Der Sonderbeauftragte für Aufwandbegrenzung und Rationalisierung hat hier bereits Erfolge vorzuweisen - nur fragt es sich, ob die von ihm erwirtschafteten Ersparnisse nicht zu einer Reduzierung der Mittel von Einzelplan 14 führen.

3. Der Naturaltausch

Als dritten Ansatzpunkt sehe ich „Kompensationen" an, also den Naturaltausch zwischen Truppenteilen der eigenen Streitkräfte wie auch solche Transaktionen zwischen Streitkräften verschiedener Länder. Derartige Handlungsalternativen verbietet die Haushaltsordnung - sie sind aber sehr ergiebig in Konfliktsituationen, in denen die Verwaltung keine Möglichkeit zur Kontrolle hat.

4. Funktionsausgliederungen

Vierter Weg des Finanzierungsersatzes in der Betriebswirtschaftslehre sind Funktionsausgliederungen: Ersatz fixer durch variable Kosten. Bei bestehenden Einrichtungen ist der Effekt ähnlich der Vermögensliquidation: Die Übertragung von Aufgaben auf Dritte bringt dem Fiskus insgesamt Vorteile, nicht jedoch der Bundeswehr. Die Alternative als Weg zur Mitteleinsparung bietet sich nur bei Neuvorhaben an. Gerade dort - wie bei Out-of-area-Einsätzen - sind jedoch die faktischen Möglichkeiten hierzu beschränkt. Es hängt davon ab, ob zivile Zubringerunternehmen sich in den ausländischen Einsatzgebieten etablieren.

5. Selbstausrüstung des Soldaten

Ein fünfter Weg zur Mitteleinsparung war die klassische „Selbstausstattung": Der Ritter mußte Wehrmaterial und Personal selbst finanzieren, der Offizier bis 1914 Uniform, Pferd und Handfeuerwaffe mitbringen. Im Hinblick auf die Mechanisierung ergäbe sich heute einmal nur wenig Einsparpotential. Zum andern nenne ich die fehlende Bereitschaft der Angesprochenen: Ich erwähne nur den Oberstudiendirektor und Oberstleutnant der Reserve, der im geliehenen Dienstanzug auf allen Veranstaltungen auftritt. Für den Reserveoffizier des Jahres 1914 demgegenüber war es noch selbstverständlich, daß er seine gesamte

Ausrüstung einschließlich Pferd mitbrachte.

Es bietet sich allerdings noch ein geringes Einsparpotential an: Der österreichische Soldat erhält keine Ausgehuniform gestellt, er muß sich diese selbst kaufen! Man halte sich den hohen Bestand solcher Uniformen bei den Standortverwaltungen vor Augen. Hindernis dürften Ängste vieler Kreise vor dem Wochenendheimfahrer im Feldanzug sein.

6. Das „Fremdeigentum"

Der sechste und letzte Weg ist das, was die Betriebswirtschaftslehre als „Fremdeigentum" bezeichnet: Miete, Pacht und Leasing, das ich - im Hinblick auf die drei Grundsatzreferate - nur ganz kurz ansprechen möchte. Zuvor darf ich aber die übrigen fünf Möglichkeiten der Mitteleinsparung zusammenfassen: Lediglich im Bereich der Beschaffungspreise, bei der truppenbezogenen Einsparung und der Selbsteinkleidung hinsichtlich der Ausgangsuniform sehe ich Möglichkeiten, die allerdings sehr beschränkt sind. Leasing bringt - das darf ich vorwegnehmend sagen - mehr.

IV. Leasing als bedeutende Alternative zur Mitteleinsparung

a) Generelle Beurteilung

Generell läßt sich zu Leasing zweierlei sagen. Es verursacht erstens höhere Kosten als die Eigeninvestition - bedingt dadurch, daß der Leasinggeber den Kaufpreis auf die Hälfte der Nutzungsdauer bezieht. Zweitens verursacht Leasing einen wesentlich geringeren Kapitalbedarf - anstelle des Anschaffungspreises nur ein Fünftel oder gar nur ein Zehntel des Betrages. Leasing ist damit ideal für alle Betriebe, die über Kapitalmangel klagen, somit insbesondere für Gewährleistungsbetriebe. Ihr Investitionspotential läßt sich damit verfünf- bis verzehnfachen.

b) Die Fehleinschätzung von Leasing durch die Verwaltung

Kommunen praktizieren Leasing schon seit Jahrzehnten - in der Bundeswehr blockieren Verwaltung, Beschaffungsamt, Bundesfinanzminister und das Schielen auf den Bundesrechnungshof dieses Verfahren:

Erstens gibt es den Hinweis auf Unwirtschaftlichkeit - eine einseitige Betrachtungsweise einerseits und Verkennung des Sparsamkeitsprinzips andererseits. Leasing mag unwirtschaftlich sein im Hinblick auf das Minimalprinzip. Es ist aber wirtschaftlich im Sinne des Maximalprinzips (und die Haushaltordnung sieht das Maximalprinzip ausdrücklich als Alternative zum Minimalprinzip an): Mit gegebenem Etat ein möglichst hohes Investitionsvolumen zu erreichen. Es entspricht zugleich dem Sparsamkeitsprinzip, das auf einseitige Knappheiten Bezug nimmt. Und spezifisch knapp ist das Geld, mit dem über Leasing mehr herausgeholt werden kann als durch Eigentum. Leider beherrscht in der Verwaltung ökonomisches Analphabetentum die Szene. Ironisch könnte man sagen, Ludwig Thoma und der letzte königlich-italienische Oberbefehlshaber des Heeres Mario Roatta lassen grüßen.

Zweitens weisen Verwaltungsbeamte im Verteidigungsministerium darauf hin,

daß Leasing den Beschaffern einen wesentlich höheren Zeitaufwand auferlege.
Dafür müßten die Betreffenden eigentlich nur dankbar sein, denn das erhält deren
Arbeitsplätze.

c) Die Finanzierung der Leasinggeber

Ein zweites Problem ergibt sich aus der Finanzierung der Leasinggesellschaften.
Hier dürfte es eigentlich keine allzugroßen Schwierigkeiten geben: Die
Leasinggesellschaften emittieren Titel.

Das sind entweder kleingestückelte Zertifikate von Leasingfonds, als deren
Käufer sich all diejenigen anbieten, die positiv zur Bundeswehr stehen - nämlich
70 Prozent der Bevölkerung. Es müßte sich hier der gleiche Absatzerfolg für solche Titel ergeben wie beispielsweise bei den Ökofonds, deren Zertifikate großen-
teils von den Grünen und allen Anhängern der Ökobewegung gekauft werden.
Bei den Zertifikaten von Leasingfonds für Verteidigungszwecke erscheinen mir
allerdings gewisse Bedenken angebracht zu sein angesichts der negativen Erfahrungen mit der Opferbereitschaft des bundeswehrfreundlichen Personenkreises.
Dieter Hildebrand hat in diesem Zusammenhang einmal festgestellt: „Wo das
Geld springt, kein Deutschlandlied erklingt."

Es gibt aber zum andern die Möglichkeit des „private placement", mit Hilfe dessen analog zu den Abschreibungsgesellschaften hohe Beträge mobilisiert werden
können. Diesen Weg schlägt das Modell „private Finanzierung des öffentlichen
Nahverkehrs" ein, das über Verlustzuweisungen den Anlegern hohe Renditen verspricht. Es liegt beim Bundesminister der Finanzen, den Großanlegern entsprechende steuerliche Vorteile zu gewähren.

d) Einsatzmöglichkeiten

Ich hoffe sehr, daß es meinem Schüler Dr. Füllenbach mit seiner Dissertation
gelingt, dem Leasing zum Eintritt in die Bundeswehr zu verhelfen. Es ist am
Schluß nur noch zu fragen, was alles geleast werden kann - in den Referaten
kommt es ja sicher im einzelnen zum Ausdruck. Praktisch bietet sich das an für
alle Nichtverbrauchsgüter. Insbesondere wären gefragt Informatik, Luft- und
Kettenfahrzeuge sowie Uniformen. Es scheidet allerdings aus das „sale and lease
back" von Infrastrukturen, zum Beispiel Kasernen, denn das kommt nicht den
Streitkräften, sondern dem Fiskus generell zugute, der diese Einnahmen nicht zu
entsprechenden Mehrzuweisungen an den Einzelplan 14 veranlaßt.

V. Zusammenfassung

Lassen Sie mich das Ergebnis in vier Thesen zusammenfassen.

1. Die Beschaffung zusätzlicher Haushaltsmittel für die Bundeswehr wäre im Hinblick auf die Wirtschaftskraft der Bundesrepublik Deutschland ohne weiteres machbar, wird aber nicht gewollt.

2. Eine Bedarfsreduzierung scheidet aus - die Bundeswehr hat bereits jetzt die Mindestgrenze unterschritten.

3. Im Einkauf liegt der Gewinn. Hier bieten sich vor allem Chancen, wenn auf Überflüssiges verzichtet wird.
   Zusammen mit der truppenbezogenen Einsparung sind dabei allerdings nur bescheidene Mittelfreisetzungen möglich, die ein bis zwei Prozent des Etats nicht überschreiten dürften.

4. Die größten Möglichkeiten bietet das Leasing: Ich schätze hier die Einspareffekte auf zehn Prozent des Etats.

em. Prof. Dr. Dr. h.c. Oswald Hahn, Nürnberg

Deutsche Militärökonomie:
Bilanz und Perspektiven

Dr. Johannes Gerber
Generalmajor a.D.

Teil I: Bilanz

Es soll Bilanz gezogen werden für den Zeitraum Ende des 2.Weltkrieges bis zur Gegenwart unter den für Deutschland drei unterschiedlichen Rahmenbedingungen:

- Militärökonomie in der Bundesrepublik Deutschland unter marktwirtschaftlichen Bedingungen,
- Militärökonomie in der ehemaligen DDR unter planwirtschaftlichen Bedingungen,
- und eine gesamtdeutsche Militärökonomie in einem neuen militärpolitischen Umfeld der Sicherheit und Stabilität, von Konfrontation zur Kooperation unter den Bemühungen um Abrüstung, Konversion von Rüstungsindustrie und militärischer Infrastruktur, Reduzierung von Streitkräften und Konversion auf neue Aufgaben.

1. Militärökonomie in der Bundesrepublik Deutschland.

Die Anfangsbilanz ist gründlich beschrieben von Waclaw Stankiewicz in Johannes Gerber, Mitbegründer der deutschen Betriebswirtschaftslehre der Streitkräfte (2. erweiterte Auflage Osnabrück 1996) Kapitel I. „Schwieriger Beginn: die Jahre 1955 - 1965." Zunächst analysiert er: „Wer benötigte eine militärökonomische Forschung?", um dann die Eröffnungsbilanz aufzustellen. Obgleich umfangreiches Material zur Verfügung stand, strebten die deutschen Autoren seinerzeit keine exakte wissenschaftliche Analyse an. Die deutschen Unterlagen zogen vielmehr fremde, insbesondere britische und amerikanische Forscher an. Sie versuchten das Wesen des Zusammenbruchs der deutschen Kriegswirtschaft zu verstehen. Sie wiesen auf die schlechten Methoden der Produktionsleitung und -verteilung hin, die Häufung von Entscheidungszentren, die Duplizierung von Plänen etc. (S. 5/6.) Ein Bedarf an eigener militärökonomischer Forschung wurde in der Bundesrepublik in seiner Anfangsepoche nicht gesehen. Die Bundesrepublik besaß nur eingeschränkte Souveränität. Streitkräfte waren in der Verfassung bis 1955 nicht vorgesehen. Dann waren sie von Anfang an ein Teil des Verteidigungspotentials der Westeuropäischen Integration. Das militärökonomische Interesse beschränkte sich in jener Zeit auf die relativ hohen Besatzungs-, später Stationierungskosten, die für die in der Bundesrepublik befindlichen alliierten Verbände aufgebracht werden mußten. Der Bedarf der Bundeswehr an Ausrüstung wurde zunächst von den USA geliefert. Für die Bezahlung stand der „Juliusturm", die Reserve des Bundesfinanzministers, zur Verfügung. Dann aber begann der Aufbau einer eigenen Rüstungsindustrie. Negative Auswirkungen auf die Volkswirtschaft brachte diese Entwicklung nicht mit sich. Das Volkseinkommen verdoppelte sich im Verlaufe eines Jahrzehnts. Militärökonomische Forschung war angesichts der Grundstimmung der Bevölkerung, nicht wieder in einen Krieg verwickelt zu werden und damit zusammen-hängenden Rüstungslasten zu tragen, auf das Bundesministerium der Verteidigung beschränkt und hier vor allem auf Fragen verwaltungswissenschaftlicher Art. Diese lagen institutionell bei der Bundeswehrverwaltung. Als Resümee dieser Rahmenbedingungen ist festzuhalten, daß auf deutsches militärökonomisches Denken und auf einen Rückgriff auf vorliegende Literatur aus vergangenen Jahren fast vollständig verzichtet wurde. Die US-amerikanischen Vorstellungen und Erkenntnisse wurden übernommen.

Mit der Aufstellung der Bundeswehr drang mit dem geworbenen Personal betriebswirtschaftliches Gedankengut in die Bundeswehr ein. Die Folge waren zahlreiche Veröffentlichungen als Anleitung für die Bundeswehr. Es seien hier einige Titel beispielhaft herausgegriffen: Gerber/Hahn, Betriebswirtschaftslehre und Streitkräfte. Band I, Regensburg, 1980. In dem Abschnitt: „International ausgerichtete Probleme" geht es um betriebswirtschaftliche Betrachtungen von Bündnisstrukturen, Spezialisierung nationaler Streitkräfte unter betriebswirtschaftlichem Aspekt. Im Rahmen militärischer Führungssysteme wurde nach der optimalen Betriebsgröße und Leistungsspanne gefragt und der Bewertung militärischer Organisationen. In einem weiteren Abschnitt werden Streitkräfte bezogene Themen der Personalwirtschaft behandelt. Unter dem Thema militärische Materialwirtschaft „Leasing von Wehrmaterial", deren Lebenszyklen, die Uniform als Gegenstand der Betriebswirtschaftslehre, und schließlich betriebswirtschaftliche Untersuchungen der Materialerhaltung. Unter der Rubrik „Einsatzfragen" werden die Manöver einer betriebswirtschaftlichen Untersuchung unterzogen, die technische Wirksamkeit von Lufttransportsystemen unter betriebswirtschaftlichen Gesichtspunkten bewertet, die Optimierung des Einsatzes von Feldjägern und die Frage nach dezentraler oder zentraler Kraftfahrzeugdienste gestellt. Im Band II, 1983 wurde die grundsätzliche Frage zur Diskussion gestellt: „Was erwarten die Streitkräfte von der Betriebswirtschaftslehre". Die Themen von Band I wurden fortgeführt, ergänzt durch Ausführungen über das Rechnungswesen als Kontrollinstrument, das Waffensystem der Panzerabwehrhubschrauber betriebswirtschaftlich erörtert und schließlich die Frage nach der Finanzierbarkeit der Verteidigung gestellt. In dem „Handbuch zur Ökonomie der Verteidigungspolitik" Regensburg (1986), äußern sich 81 Autoren als Vertreter der Wissenschaft und Praxis zu 166 Stichworten die Militärökonomie betreffend. Der Herausgeber, Günter Kirchhoff, will mit seinem Werk, den militärökonomischen Gedanken über die Wirtschaftswissenschaftler hinaus in der breiten Öffentlichkeit bekannt machen. Hervorzuheben sind die Veröffentlichungen betriebswirtschaftlicher Fragestellung in der Schriftenreihe des Lehrstuhls Prof. Dr. Oswald Hahn. Dort finden sich beginnend mit 1976 zahlreiche Titel militärökonomischen Inhalts vom Lehrstuhlinhaber selbst oder anderen Autoren. Folgende Themen bis 1989/90 seien genannt: Bundeswehr als Wirtschaftsfaktor", „Die optimale Gestaltung des Aufkommens von Wehrdienstlern und Ersatzdienstleistenden als ökonomisches Problem moderner Wehrpflichtstreitkräfte", „Die Heranziehung von Frauen zum Militärdienst als ökonomisches Problem", die „Beurteilung von Soldaten in der Bundeswehr", „Über einige Fragen zum

Betriebswirt-schaftliches Gedankengut

Finanzierbarkeit der Verteidigung

Reservistenproblem der Deutschen Bundeswehr", „Personalpolitische Probleme von Sicherheitsproduzenten". Die Reihe wurde auch über 1989/90 hinaus fortgeführt.

ökonomische Gesichtspunkte militärischer Sicherheit

In zunehmendem Maße wurden punktuell aus verschiedenen Richtungen in die Diskussion um militärische Fragen der Sicherheit, nicht nur technische und juristische auch ökonomische Gesichtspunkte eingeführt, sei es von seiten der Bundeswehr selbst, sei es von Inhabern wissenschaftlicher Lehrstühle oder aus Politik und Wirtschaft. Um ein Forum des Austausches von Erkenntnissen und Einsichten zu schaffen, wurde im März 1981 die Gesellschaft für Militärökonomie e. V. (eingetragener Verein) gegründet aus Angehörigen der soeben genannten Bereiche. Der Einfluß der Gesellschaft erfolgte durch Veröffentlichungen der einzelnen Mitglieder, durch jährlich etwa 2 bis 3 Veranstaltungen wie Seminare, Vorträge, Symposien, Studienreisen im In- und Ausland zu militärischen Dienststellen oder Unternehmungen und Lehraufträge einzelner Mitglieder an Universitäten und Hochschulen, z. B. „Die Sicherheitspolitik der Bundesregierung und ihre ökonomischen Rahmenbedingungen", (Sommersemester 1985, Universität Darmstadt). Der Inhalt der Veranstaltungen richtete sich sowohl an grundsätzliche Fragen als auch aktueller Art, grundsätzlicher Art beispielsweise Bedarf an äußerer Sicherheit, der soziale Ertrag von Aufwendungen für die äußere Sicherheit im Prioritätenwettbewerb mit anderen staatlichen Aufgaben, der Einfluß der öffentlichen Meinung auf den Entscheidungsprozeß sowohl der Wähler als auch der politischen Exekutive, Verbesserung der Wirtschaftlichkeit durch multinationale Zusammenarbeit auf technischem und organisatorischem Gebiet, Verbesserung des Rechnungswesens zum Führungsinstrument. In Zusammenarbeit mit einschlägigen Institutionen wurden Veranstaltungen durchgeführt auch über militärökonomische Verhältnisse des Warschauer Vertrages z. B. zum Thema „Der militärökonomische Komplex im Warschauer Pakt" (1984) oder zu dem Thema „Strategie-Ökonomie-Rüstungsindustrie" im europäischen Rahmen (1987). In die Diskussion um eine andere Struktur der Vorneverteidigung wurde eingegriffen mit dem Thema „Die Vorne-Verteidigungs-Taktik und Ökonomie". Den hohen Kosten einer beweglichen Vorneverteidigung wurde die Organisation einer eher statischen Verteidigung

militärökonomische Seminare

gegenüber gestellt (1986). Diesem Thema war ein Seminar über das Thema „Zur Wirtschaftlichkeit alternativer Verteidigungskonzepte" (1983) vorausgegangen.

Aus der Krise der auf nuklearer Basis der USA beruhenden Abschreckung ergaben sich drei Fragestellungen aus militärökonomischer Sicht: die Frage nach den Grenzen der Belastbarkeit sozioökonomischer Systeme mit wachsenden Kosten, den Grenzen der Finanzierbarkeit militärtechnischer Innovationen und die Frage nach der Art, Intensität und Auswirkung der Aufteilung nicht vermehrbarer Ressourcen nach äußerer und sozialer Sicherheit nach Innen.

Die Lösung dieser Fragen wurde durch die Anwendung betriebswirtschaftlicher Verfahren und Methoden gesucht.

Von Seiten betriebswirtschaftlich orientierter Autoren wurde vorgeschlagen, von der teuren beweglichen Verteidigung mit Bewegung und Feuer abzugehen zu einer mehr statischen mit Hilfe der sich immer mehr in die Richtung größerer Reichweiten und Schwenkbereiche entwickelnden Raketen. Damit griffen betriebswirtschaftliche Überlegung in das ureigenste militärische Gebiet ein, über die Logistik und Organisation hinaus.

bewegliche versus statische Verteidigung

Systemimmanente Unwirtschaftlichkeiten infolge politischer Vorgaben wurden aufgezeigt aber auch tradierte Gewohnheiten in Organisation und Verfahren bloßgelegt. In Zusammenarbeit mit französischen und amerikanischen Personen und Institutionen wurde auf die Notwendigkeit der Zusammenarbeit aus ökonomischen Gründen in Sachen Rüstung und Personal gedrängt (1986/1988), (vgl. mit dem Programm der Vortragsveranstaltung zur militärökonomischen - politischen Bildung 31.05 und 01.06.1985 an der Fachhochschule des Bundes, Fach-bereich Bundeswehrverwaltung Mannheim, Bericht 1, Gesellschaft für Militär-ökonomie (Hrsg.), Mannheim 1986.

2. Militärökonomie in der ehemaligen DDR.

Die fast 40 Jahre während Entwicklung der Militärökonomie der Deutschen Demokratischen Republik stellt Schönherr in einer Broschüre „Gedanken zur militärökonomischen Forschung und Lehre in der DDR" dar. Er gliedert die Zeit in vier Entwicklungsetappen und Bausteine: Die erste Etappe von Beginn bis zum Ende der sechziger Jahre. Sie stand unter der Frage: Was hat sich generell im Wechselverhältnis zwischen Ökonomie und Militärwesen nach dem zweiten Weltkrieg verändert? Aus dem Studium der zugänglichen Literatur in Ost und West wurde ein Denkansatz gefunden, der für den Ausbau eines in sich geschlossenen Wissenschaftssystems in den Folgejahren bestimmend war: Die Wirtschaft wird in der ganzen Tiefe und Breite in die Kriegführung einbezogen, der zu deckende militärökonomische Bedarf umfaßt die gesamte Palette wirtschaftlicher Lieferungen und Leistungen, die Streitkräftesicherstellung wird mehr oder weniger Koalitionscharakter annehmen, der Schwerpunkt der ökonomischen Sicherstellung verlagert sich in die Zeit vor Ausbruch möglicher Kriegshandlungen. Vor diesem Hintergrund wurde eine eigene militärökonomische Wissenschaftsdisziplin als Grenzwissenschaft zwischen dem System der ökonomischen und dem System der Militärwissenschaften als berechtigt und notwendig anerkannt. In der zweiten Etappe, der ersten Hälfte der siebziger Jahre, setzte sich die Entwicklung fort. Aus der wissenschaftlich-technischen Umwälzungen ergeben sich nicht nur qualitativ neue Anforderungen an die Wirtschaft. Die Abhängigkeit des Militärwesens von der Wirtschaft wächst an. Die Wirtschaft mußte ihrerseits Forderungen an die Streitkräfte stellen, vor allem nach einer umfassenden Ökonomisierung der militärischen Tätigkeit in den Streitkräften. Die dritte Etappe von Mitte der siebziger bis Ende der achtziger Jahre war gekennzeichnet durch detaillierte Ausarbeitungen aller militärökonomischer Teildisziplinen wegen der schnell wachsenden Forderungen der militärökonomischen Praxis. In der vierten „Epoche von Ende der achtziger Jahre bis zum Ende der DDR wurde die aus der UdSSR seit Mitte der achtziger Jahre herübergekommene Perestroika, das neue Denken" aufgearbeitet. Militärökonomische Voraussetzungen wurden ab diesem Zeitraum nur noch so weit akzeptiert, wie sie der Friedenssicherung dienten. In

vier Etappen der Militärökonomie

Ökonomisierung der Streitkräfte

diesem Zusammenhang wurde schon frühzeitig auf die Folgen von Abrüstung, Truppenreduzierung etc., hingewiesen, nämlich die Konversion. Sie wurde als zeitgemäßes Erscheinungsbild militärökonomischen Kreislaufes angesehen. Umbau von militärischen Sicherheitsstrukturen wird immer von Konversion begleitet sein.

3. Militärökonomie nach Auflösung des Warschauer Vertrages und der Wiedervereinigung Deutschlands ab 1989

Mit der Entspannung in Mitteleuropa veränderten sich auch die Aufgabenstellungen der Militärökonomie. Die Frage, ob die Folgen aus der Reduzierung der Streitkräfte, des Abzugs der verbündeten Streitkräfte aus der Bundesrepublik und der ehemaligen DDR, die Umstellung der Rüstungsindustrie, die neue Dislozierung etc. zu dem Aufgabenbereich der Militärökonomie gehören, wurde von den nunmehr zusammen gehenden ost- und westdeutschen Militärökonomen bejaht. Dazu ist festzuhalten, daß diese Fragen je nach Nation institutionell unterschiedlich geregelt wurden. In der Bundesrepublik beispielsweise ist die Verwertung aufgegebener militärischer Anlagen Sache der Bundesvermögensverwaltung. Sie ist dem Bundesminister der Finanzen unterstellt. Die Umstellung der Rüstungsindustrie ist Sache der Industrie selbst. Sie befand und befindet sich im Privateigentum. Die Umstellung der Streitkräfte, die Integrierung der Nationalen Volksarmee mit gleichzeitiger Reduzierung war Aufgabe des Bundesministeriums der Verteidigung.

Militär und staatliche Verwaltung

Noch fließender verlief die Grenze zwischen Militär und den übrigen Ressorts staatlicher Verwaltung bei den Ländern, die nach Auflösung des Warschauer Vertrages größere Selbständigkeit erlangten oder die erst einmal eigene Streitkräfte aufstellen wollten.

Aus der Literatur dieser Jahre seien vier Titel ausgewählt. Die Militärökonomischen Blätter 91-5/6/7/8/9 91 „Die Militärökonomie in den 90iger Jahren, Berlin 1991" geben eine internationale Veranstaltung wieder, auf der insbesondere Referenten aus dem ehemaligen Warschauer Vertrag zu Worte kamen.

Es waren die Unterschiede der Aufgabenstellung der Militärökonomie in einer sozialen Marktwirtschaft und in einer plandeterminierten Wirtschaft herauszustellen und nach Wegen zu suchen, den Übergang in erstere zu schaffen. Dabei waren gleichzeitig die militärpolitischen Folgen des Überganges von der Konfrontation in die Kooperation zu würdigen. Zu dem weiten Feld der Konversion, das in den militärökonomischen Bereich einzubeziehen war, berichteten die Teilnehmer aus der ehemaligen DDR aus ihren Erfahrungen. Den geschichtlichen Hintergrund und die Perspektiven lieferte Waclaw Stankiewicz mit einem Beitrag zur Methodologie der Verteidigungsökonomik und ihres Platzes im System der Wissenschaften.

Verteidigungs-ökonomik

Die Auswahl der Studie des Forschungsinstitutes für Militärökonomie und angewandte Konversion Berlin über die Integration der Rüstungskonversion in den

Transformationsprozeß der GUS (Gemeinschaft Unabhängiger Staaten), Rahmenbedingungen, Problemfelder und Ansatzpunkte westlicher Wirtschaftshilfe im Auftrag eines bundesdeutschen Ministeriums, macht die Notwendigkeit eines Erfahrungsaustausches und gegenseitiger Hilfen zur Lösung militärökonomischer Aufgaben deutlich. Auszugehen war von der dominierenden Rolle der Rüstungsindustrien in diesen Ländern gegenüber der übrigen Volkswirtschaft. Die genaue Kenntnis der Vernetzung des militärisch-ökonomischen Komplexes in der Sowjetunion und der Nachfolge-Staaten, das Mobilmachungssystem und die alte und die neue russische Militärdoktrin ist die Voraussetzung. Die Zielsetzung der Transformation war die Abrüstung und gleichzeitige Umstrukturierung auf die neue Militärdoktrin. Die Transformation des Wirtschaftssystems bedarf neuer Rechtsetzungen und neuer Institutionen wie zum Beispiel ein neues Bankensystem. Militärökonomische Überlegungen haben auch die Folgen für die Bevölkerung durch die Auflösung des militär-industriellen Komplexes einzubeziehen. Gleichzeitig hat ein Wissens- und Finanzierungstransfer statt zu finden.

Wechsel der Militärdoktrinen

Aus dem weiteren Beispiel der Literatur dieser Zeit, herausgegeben von der Gesellschaft für Militärökonomie / Forschungsinstitut für Militärökonomie und angewandte Konversion, Berlin 1994 mit dem Thema „Militärökonomische Aspekte einer europäischen Sicherheitsstruktur" als ein Tagungsbericht, gehen die unterschiedlichen Situationen und Vorstellungen über die weitere Entwicklung hervor. Die verschiedenen Transformationsprozesse seit Auflösung des Warschauer Vertrages und die Besinnung auf nationale Zielsetzungen der Sicherheit verursachten unterschiedliche Themenstellungen der Teilnehmer aus den osteuropäischen Staaten. Die Referenten aus den NATO-Staaten dagegen beschränkten sich auf eine Veränderung der NATO, der Konversion ihrer Streitkräfte und deren Rationalisierung durch betriebswirtschaftliche Verfahren und Methoden. Darin einbezogen wurden Themen der internationalen Strukturen militärischer Verbände.

Das äußere Zeichen dieses Schwerpunktes in der deutschen Militärökonomie ist die Veröffentlichung einer umfangreichen „Militärbetriebslehre, Betriebswirtschaftslehre der Streitkräfte" durch Oswald Hahn, Berlin 1997. Die seit 1957 ausgebreitete Beschäftigung mit den Streitkräften ist hier auf den neuesten Stand gebracht und in einem Umfang dargelegt, wie er in anderen europäischen Ländern nicht zu finden ist. Angesichts der Mangellage an Kapital in allen Ländern und der derzeitigen Aufträge eine unerläßliche Grundlage für die Führung von Streitkräften.

deutsche Militärökonomie

Teil II: Perspektiven

These 1   **Die Globalisierung der Wirtschaft verändert die Stellung der Streitkräfte zum Staat.**

Begründung: Die Streitkräfte haben sich bisher als Säule der Souveränität stets im nationalen Umfeld bewegt. Die Ausrüstung wurde bezogen aus nationalen Quellen oder nach nationaler Entscheidung zusammen mit anderen Partnern. Die Finanzierung erfolgte aus den nationalen Haushalten, auch der Anteil an gemeinsamen Unternehmungen innerhalb des Bündnisses. Dies gilt insbesondere für die Beschaffung des notwendigen Personals. Die Staaten waren souverän. Mit der Globalisierung ist den Streitkräften, auch der Bundeswehr, ein neues Umfeld gegeben. Eine nationale Militärökonomie wird zu einer globalen.

Globalisierung der
Militärökonomie

Unter Globalisierung wird im allgemeinen die weltweite Vernetzung wirtschaftlicher Aktivitäten verstanden. Es ist eine Wirtschaft, in der Kapitalströme, Arbeitsmärkte, Informationen, Rohmaterial, Management und Organisation vollständig interdependent sind. Die Grundlage zu dieser Auffassung legte Adam Smith in 1776 mit seinem Buch über „Wohlstand der Nationen". Er meinte, daß nur unter den Bedingungen des Freihandels und Wettbewerbs die Naturgesetze des Wirtschaftens zu ihrem Recht kommen könnten. Sie bestehen in dem System der Arbeitsteilung: Jeder soll dort produzieren, wo er die günstigsten Bedingungen und Voraussetzungen findet. Der Globalisierungsprozeß unserer Tage ist in hohem Maße von dem technischen Fortschritt begünstigt. Mit den modernen Informationssystemen können heute Informationen an jeden Ort ohne Zeitverzug übertragen werden. Sinkende Transportkosten und Lohngefälle haben zur Möglichkeit der Verlagerung der Produktion an jeden beliebigen Ort geführt. Die internationalen Finanzströme und die Handlungen transnationaler Unternehmungen insbesondere bestimmen den Prozeß der Globalisierung.

Schrempp, Mercedes: „Globalisation ist nicht eine optimale Strategie, es ist die einzige."

Globalisierung
nationaler
Volkswirtschaften

Mit der Globalisierung verändert sich das Verhältnis zwischen Staat und Wirtschaft, von den nationalen Volkswirtschaften zur globalen Weltwirtschaft. Das Gewicht zwischen Wirtschaft und Politik verändert einschneidend die Handlungsmöglichkeiten. Das globalisierte Wirtschaftssystem hat einen Vernetzungsgrad erreicht, der es gegen politische Strategien einzelner Nationalstaaten und gesellschaftlichen Gemeinschaften unempfindlich macht. Politische Eingriffsmöglichkeiten zugunsten nationaler Volkswirtschaften gehen verloren. Modernes Wissen ist global strukturiert, höchstens durch Sprachgrenzen getrennt. Die globalen Players gewinnen Macht gegenüber den nationalen Wirtschaftsstandorten. Sie nutzen die Standortkonkurrenz der Nationalstaaten. Sie können zwischen dem Preis-Leistungsangebot der einzelnen Staaten wählen.

Auf die Globalisierung wird die Hoffnung gesetzt, daß der Handel den Krieg überflüssig machen kann. „Ein Land, das sich der globalen Ökonomie integriert und sich fremden Investitionen öffnet, schränkt seine Fähigkeit, Unruhe zu stiften, ein und fördert schrittweise Demokratisierung und Frieden." So steht es in der New York Times zu lesen.

Diese These beherrschte das Denken schon vor dem 1. Weltkrieg, als der deutsch-russische, der deutsch-französische und britisch-deutsche Handel von 1900 bis 1914 um das doppelte und mehr stieg. Was den Menschen veranlaßt, wirtschaftlich zu kooperieren, sind objektive wirtschaftliche Bedürfnisse und Notwendigkeiten. Ob sich diese mit friedlicher oder feindlicher Absicht verbinden, zeigt erst der positive oder negative Ablauf der kooperativen Beziehung. **wirtschaftliche Kooperation**

Nach dem Verteilungskampf 1914-1918 zwischen gleich starken Partnern gewann dieses Denken erneut an Zuspruch. In der Einleitung zu Adolf Weber „Weltwirtschaft" 1932 heißt es: „Technik und Wissenschaft haben die Produktionsmöglichkeiten beinahe unbegrenzt gesteigert, gleichzeitig die erforderliche menschliche Arbeitsleistung vermindert und die Möglichkeit gegeben, vermehrte Erzeugnisse zu liefern sowie allen Menschen Zeit für geistige und körperliche Erholung zu geben." Dann kam Weltkrieg II. Danach erschien das Buch in zweiter Auflage 1947 bis zur 4. Auflage 1951 in der gleichen Hoffnung.

Während die vergangenen Jahrzehnte die Parität der Kräfte zwischen den maßgeblichen Nationen kennzeichnete, wird unsere Zeit durch die Hegemonie einer einzigen Nation bestimmt. Möge es gelingen, Stabilität notfalls auch durch militärische Dienstleistung herzustellen und zu erhalten. Niemand kann wissen, wie lange dieser Zustand dauert und unter welchen Umständen er zu Ende gehen wird. Dies wird davon abhängen, ob die Mittel und Institutionen ausreichen, um Stabilität als Sicherheit zu erhalten.

Die Währungsunion sollte als Chance zur Europäisierung der nationalen Streitkräfte genutzt werden. **These 2**

Begründung: Eine weitere entscheidende Veränderung der Rahmenbedingungen ist die Einführung einer europäischen Währung in den meisten der Mitgliedstaaten der Europäischen Union. Die Kenntnis dieses Vorganges ist unerläßlich wegen einer möglichen Entwicklung der deutschen Militärökonomie zu einer europäischen.

Unter dieser Sicht ist die Frage zu stellen: was ist Europa?
Geografisch: vom Atlantik bis zum Ural, unterschiedliche Klimazonen, unterschiedliche Zeitzonen, zwei Großreligionen, christliche und mohammedanische und andere, im staatlichen Gefüge: unterschiedlicher territorialer Umfang, Bevölkerungszahl, von Luxemburg bis Bundesrepublik mit 80 Millionen Einwohnern, seit 1945 getrennt in Ost und West, unterschiedliche Entstehungsgeschichten, viele Denkmäler der Befreiungen von der Herrschaft der einen europäischen Nation von der anderen, unterschiedliche Wirtschaftssysteme, unterschiedlicher Stand der industriellen Ausstattung und Management, Sprachen: germanischen, romanischen und slawischen Ursprungs, zwei Schriften: Latein, Kyrillisch.

Noch vielfältiger als die Sprachen sind die Währungen: Allein im deutschem Sprachraum gibt es deren drei: die DM, den Österreichischen Schilling, den Schweizer Franken. Europas Vielfalt der Währungen unter den globalisierenden Finanzmärkten ist zu einem ständigen Risiko geworden.

Theoretisch gibt es drei Möglichkeiten, darauf zu reagieren:
• die Globalisierung wird zurückgedreht,
• die Kapitalbewegungen werden besteuert,
• Kursschwankungen werden durch unwiderrufliche Fixierung der Wechselkurse unterbunden.

Währungsunion   Die Währungsunion wird im allgemeinen als einzige Lösung angesehen, der nicht widerrufbaren Globalisierung nicht hilflos gegenüber zu stehen. Die europäischen Volkswirtschaften durch industrielle Lieferbeziehungen und Direktinvestitionen eng miteinander verbunden, gewinnen eine gewisse Autonomie zurück. Mit der Währungsunion ist die Hoffnung auch auf eine Einigung in der Sicherheits- und Außenpolitik verbunden. Ein Zusammengehen auf diesem Gebiet erscheint nötiger denn je, wie die Ereignisse um Jugoslawien und jetzt Albanien zeigen. Die Ablehnung der Europäischen Verteidigungsgemeinschaft in 1954 durch die französische Nationalversammlung ist als herbe Enttäuschung in Erinnerung. Die Westeuropäische Union konnte bisher keinen Ersatz bieten.

These 3   **Nur eine gemeinsame Finanzierung sichert die Wirtschaftlichkeit europäischer militärischer Dienstleistung.**

Begründung: Der Euro ist ein ökonomisches Instrument für ein politisches Ziel. Die Währungsunion soll die politische Union nach sich ziehen. Unter diesen Bedingungen und unter dieser Absicht sind folgende Überlegungen anzustellen:

Solange es keinen totalen europäischen Haushalt gibt mit einer europäischen Zentralbank auf währungspolitischem Gebiet, bleiben europäische Teilhaushalte für festgelegte europäische Aufgaben möglich. Die gemeinsame Sicherheit kann eine solche erklärte Aufgabe sein. Vorstellbar ist ein gemeinsamer europäischer Militär-Haushalt der europäischen Staaten oder ein Teilhaushalt für ausgewählte Aufgabengruppen oder ausgewählte militärische Funktionen und Aufgaben wie z.B. Osterweiterung, Landesverteidigung des europäischen Territoriums oder dessen Luftverteidigung oder Funktionen wie gemeinsame Logistik, das Euro-Korps.

Für solche Fälle könnte ein Schlüssel entwickelt werden, um die Ausgaben nach Truppenstärke, Feuerkraft, Beweglichkeit oder ähnlichem festzulegen. Auf der Einnahmenseite eines solchen Militärischen Teilhaushaltes auf europäischer Ebene könnte entweder eine Quote der nationalen Staatseinnahmen zur Verfügung gestellt werden oder bestimmte Einnahmen aus bestimmten Einnahmequellen werden zugeteilt. Im ersten Fall steht die Quote fest. Im zweiten Fall ist der Betrag variabel. Der erste Fall verstößt gegen den herkömmlichen fiskalischen Grundsatz der Einheitlichkeit des nationalen Budgets, der zweite Fall gegen den Grundsatz des Verbots der Zweckbindung. Dem Verstoß gegen die

Regeln des haushaltwirtschaftlichen Handelns stehen die Vorteile einer gemeinsamen Finanzplanung mit den verbesserten Chancen optimaler Ausnutzung fiskalischer Ressourcen gegenüber. Ein dritter Weg liegt darin, europäische Steuertatbestände zu schaffen wie etwa auf den innereuropäischen Verkehr oder bestimmte Zolleinnahmen zur Finanzierung des europäischen militärischen Teilhaushaltes. Zahlreiche Mischformen sind möglich; z. B. wird die Ausgabenquote als Mindestgröße festgelegt oder die Einnahmenquote bestimmt die Höhe der Ausgaben, etc.

Mit einer einheitlichen Währung wird der europäischen Integration ein großer Schub gegeben. Dem stehen aber von zahlreichen Seiten Widerstände in Richtung Re-Nationalisierung entgegen. Politiker befürchten weitere Kompetenzverluste und versuchen, solche von Europa wieder zurück zu gewinnen, Verluste, die sie auch durch die Globalisierung erleiden. **europäische Integration**
In nationaler Verantwortung bleiben die Finanz-, Steuer- und Wirtschaftspolitik, die Arbeitsmarkt- und Beschäftigungspolitik und die Lohnpolitik. Durch die Bindungswirkung des Stabilitätspaktes für Regierung und Parlament kann jedoch von einer vollständig autonomen nationalen Finanzpolitik nicht mehr die Rede sein.

Daß viele europäische Staaten sich nicht mehr allein behaupten können, zeigen die zahlreichen Vereinigungen auf unterschiedlichen Gebieten und Ebenen. Nationale Entscheidungen bestehen häufig darin, unvermeidliches nachzuvollziehen, wo es keine Handlungsalternativen gibt. Territorium, Armee und eigene Währung bestimmen die Souveränität eines Staates. Der Pfeiler Armee ist bereits brüchig. Es gibt kaum eine Armee, die nicht im Verbund mit anderen Armeen ihre Aufträge ausführt.
Die Bundeswehr, von Anfang an eine Bündnisarmee, hatte ihre volle Souveränität seit Anbeginn aufgegeben.

Natürlich ist darauf hinzuweisen, daß auch ohne Währungsunion die europäischen Staaten zusammengearbeitet haben. Diese fand im wesentlichen im Rahmen des Nordatlantik-Vertrages statt.

Zu einer ersten europäischen Armee könnten die Mitglieder der NATO, die gleichzeitig Mitglieder der Europäischen Union sind, integriert werden. Dies werden vermutlich 8 Staaten sein: Belgien, Deutschland, Italien, Niederlande, Spanien, Frankreich, Luxemburg, Portugal. **NATO und EU**

Eine gemeinsame Währung ist allerdings noch lange nicht der Garant gemeinsamen Zusammenlebens, wie der Fall Jugoslawien zeigt. Der Staat ist trotz einheitlicher Währung auseinandergefallen.

These 4   **Nur leistungsstarke, interventionsfähige und rationell geführte sowie integrierte**
                europäische Streitkräfte sichern den Bestand der NATO.

Begründung: Es wird stets das Bemühen sein, Stabilität und Sicherheit durch politische Vereinbarungen wie Rüstungskontrolle, Abrüstungsvereinbarungen, gegebenen-
falls auch Wirtschaftsmaßnahmen herzustellen und zu erhalten. Wie aus aktuellen
Ereignissen erkennbar, wird sich auch der Einsatz militärischer Dienstleistungen
nicht vermeiden lassen. Dazu bedarf es gut ausgebildeter und auftragsgemäß aus-
gerüsteter Interventionsverbände. Diese zu stellen sind die US-Streitkräfte fast als

Dominanz der einzige fähig. Das gibt den USA in der NATO eine Stellung, die zu einer Dominanz
U.S.A.   auch in der Bestimmung der Einsätze führt. Mangels eigener Interventionskapazität
sind die europäischen Mitglieder der NATO kaum imstande, an den Entscheidungen
mitzuwirken. So spricht der Vorsitzende des Vereinigten Generalstabes der US
Armee in seiner Einführung zum 4-Jahresreport an das Armed Service Committee
von einer „Ready force to support National objectives". Als Trost kann hingenom-
men werden, daß in der US-Presse vor Hybris gewarnt wird. Die Teilnahme der
Europäer oder ihre Ablehnung an Interventionseinsätzen scheint weniger von ihrem
Willen als von ihrer Fähigkeit abzuhängen.

Die Europäer müssen sich von seiten der USA eine Menge Vorwürfe gefallen lassen. Die Europäer kürzen ihre Budgets und versäumen ihre Rüstungsindustrie zu
konsolidieren. Es werden zu viele Rüstungsindustrien in Betrieb gehalten. Zu
wenig wird getan für den Transport und die Logistik. Die Europäer frönen mehr
dem Prestige durch elektronische Anschaffungen denn durch Kauf von geeigneten Schiffen, taktischen Transport-Kraftwagen und mobilen Hospitälern. Die
Europäer nutzen ihre Budgets nicht so effektiv wie die USA, um eine wahre
Europäische Verteidigungs- und Sicherheits-Identität herzustellen. Es wird
beklagt, daß in Europa so viel militärische Kompetenz vorhanden ist, auf die so
wenig Verlaß ist, wenn es darum geht, im persischen Golf zu kämpfen, Frieden
in Afrika zu stiften oder vielleicht eine Krise in Asien zu stoppen. Die Zwei-
Kriege Strategie der US, die Verpflichtung, die Fähigkeit aufrecht zu erhalten,
zwei Kriege gleichzeitig führen zu können, erscheint manchem Beobachter als
riskant. Das Risiko könnte aber gemindert werden, wenn die Europäer imstande
wären, sich wenigstens in einigen Regionen an den Unternehmen zu beteiligen.
Ein größerer Anteil an burden-sharing und risk-sharing wäre willkommen dort,
wo das Interesse der USA gering ist.

europäische   Diese Vorwürfe treffen die Europäer in einem Augenblick höchster wirtschaftli-
Schwächen   cher Anspannung durch Arbeitslosigkeit, hoher Verschuldung und wirtschaftli-
cher Unsicherheit. Alleingänge sind nicht möglich. Die europäische
Währungsunion könnte wenigstens 8 der europäischen Nationen zu einer inte-
grierten europäischen Streitmacht verhelfen. Den Luxus von 13 Militär-
Ministerien und den dazu gehörigen Stäben kann sich Europa nicht mehr leisten.
Es sollte eine Struktur gefunden werden wie unter These 2 und 3 vorgeschlagen:
die Verteidigung des europäischen Territoriums unter europäischer Führung mit
US-Streitkräften als Projection force unter bestimmten Bedingungen, einheitli-

che Interventionsstreitkräfte in Zusammenarbeit mit US Interventionskräften. Die knappen, den Europäern für militärische Dienstleistungen zu Verfügung stehenden Mittel, sollten nur zur Deckung dieser Aufgaben verwandt werden und nicht zur Finanzierung liebgewordener Erinnerungen und nationaler Wertgefühle, Stabilität im globalen darf nicht zu Instabilität im Innern führen.

Die Legitimationsprobleme des Soldatseins des Einzelnen sind abzulösen durch die Forderung nach aktuellen Kosten/Nutzenrechnungen möglicher Einsätze durch die Politiker als Entscheidungsträger.   **These 5**

Begründung: Das Urteil des Bundesverfassungsgerichtes, daß Angehörige der Bundeswehr auch außerhalb des NATO-Territoriums eingesetzt werden können, hat die Verantwortung des Soldaten grundlegend verändert. Bis dahin war sein Auftrag an die Verteidigung des Landes verbunden. Diese Bindung war für den einzelnen überschaubar, ethisch und rechtlich. Das Primat der Politik entschied über seinen Einsatz. Über das Prinzip von Befehl und Gehorsam hatte er seinen Auftrag zu erfüllen. Sein Gewissen über den Gebrauch oder den Mißbrauch der Waffe konnte den Befehl zum Einsatz der Waffe verhindern. Als Staatsbürger in Uniform war ihm das eigene Wertesystem bekannt. Durch die Möglichkeit seines Einsatzes im Rahmen eines Interventionsverbandes zum Schutze politischer und wirtschaftlicher Stabilität weltweit sind Bindungen ganz anderer Art hinzugetreten. Die vielen Möglichkeiten und Gründe seines Einsatzes sind nicht mehr überschaubar. Angesichts eines ihm völlig fremden Umfeldes an Kultur, Religion, Sitten und Gebräuchen kann er die Legitimation des Gebrauches der Waffe an Ort und Stelle nicht beurteilen. Er kann nicht mehr dafür verantwortlich gemacht werden, seine Waffe eingesetzt oder nicht eingesetzt zu haben.

Die Politiker als die Träger des Primats der Politik und die militärische Führung als Exekutive mit der Institution des Befehls und Gehorsams bekommen damit eine bisher noch nicht definierte Verantwortung.   **Primat der Politik**

Sie ist u. a. mit der Forderung nach Rentabilität der Bundeswehr zu beantworten. Rentabilität als die betriebswirtschaftliche Überlegung einer Kosten-Nutzen Rechnung ihres Einsatzes. Unter den Kosten ist nicht nur der materielle und finanzielle Aufwand gemeint, sondern das wertvollste, über das Primat der Politik verfügt, der Einsatz seiner Bürger, des Humankapitals der Republik.

Nach Clausewitz sind Auftrag und Mittel miteinander abzustimmen. Bringt das eingesetzte Humankapital den gewünschten Nutzen im Sinne der Stabilität als Sicherheit?
Dieser Nutzen kann materieller oder auch ideeller Art sein. Der ideelle Nutzen des Einsatzes von Bundeswehreinheiten in Bosnien hat beispielsweise von einem ehedem ideellen der Friedensherstellung zu einem materiellen geführt. Es geht darum, 350.000 Bosnienflüchtlingen die Möglichkeit zu schaffen, in ihre Heimat zurückzukehren, um unsere Haushalte von den Fürsorgemaßnahmen zu entla-

sten, in einer Zeit, in der das Rentensystem nicht mehr bezahlbar ist und die Kosten der Arbeitslosigkeit härtere Maßnahmen der Kontrolle und Kürzungen erfordern.

**Legitimations-
probleme des
Soldatseins**

Ich meine, daß ich hier nur das unter betriebswirtschaftlicher Sicht und Terminologie vortrage, was Pfarrer Wolf Werner Rausch in seinem Beitrag in der „Truppenpraxis" (11/1997 S. 672 bis 677) zum Thema „Legitimationsprobleme des Soldatseins" niedergelegt hat. Nach ihm haben die Soldaten im aktuellen Fall Anspruch auf folgende Fragen:

• Warum wird dieser Einsatz geplant oder beschlossen?
• Welches sind die angestrebten / erreichbaren Ziele?
• Welche Risiken sind abschätzbar?
• Wie lange soll der Einsatz dauern?
• Wie kommen wir aus dem Einsatz heraus?

Die beiden folgenden Fragen werden noch hinzugefügt:
• Stehen die notwendigen Mittel zur Verfügung?
• Und sind wir hinreichend ausgebildet?

These 6   **Der Einzelplan 14 muß von betriebsfremden Ausgaben frei gehalten werden.**

Begründung: Insbesondere angesichts der Haushaltslage der Bundesrepublik ist die Tendenz zu spüren, Ausgaben aus dem Haushalt des Bundesministeriums der Verteidigung zu tätigen, die dem Kernbereich des Auftrages widersprechen, zumindest aber als Dual-Use angesehen werden müssen.

**Wesen der
Streitkräfte**

Zu beginnen ist mit der Oderbruch-Überschwemmung. Daß der Einsatz gerechtfertigt war angesichts der geringen Leistungsfähigkeit der eigentlich zuständigen Institutionen, soll nicht bestritten werden. Es geht hier nur um die Finanzierung dieses Einsatzes. Der Einsatz ist auch nicht mit Landesverteidigung zu tarnen. Allenfalls wäre der Gebrauch des Begriffes Landverteidigung zu vertreten. Die Notwendigkeit eines Einsatzes der Bundeswehr in Katastrophenfällen oder für caritative Zwecke könnte leicht dazu führen, sich auf alle Zeiten unter Ausnutzung der für die Kernaufgabe zugeführten Mittel auf sie zu verlassen. Das Wesen der Streitkräfte ist bestimmt durch folgende Faktoren:

• den Auftrag, eine militärische Dienstleistung zu erstellen durch Anwendung von Gewalt oder Androhung von Gewalt.
• die Einsatzbedingungen: Im Gegensatz zum menschlichen Wirken in anderen Lebensbereichen können Ort und Zeit des Einsatzes nicht gewählt werden. Die physischen Belastungen sind ungewöhnlich. Die Gefahr der Verwundung und Verlustes des Lebens kann nicht ausgeschlossen werden.
Ungewöhnliche Bedingungen gelten auch für das Gerät.
• die Abhängigkeit vom geographischen Standort und den ihres Einsatzes.

- Abhängigkeit vom Wirtschaftspotential.
  Was kann ein Staat oder eine Staatengemeinschaft für ihre Streitkräfte abzweigen?
- Abhängigkeit von der Bevölkerungsstruktur.
  Größe der Bevölkerung, Alterszusammensetzung, zivilatorischer Stand,
  Gesundheitszustand, Aufteilung der Berufe, psychologischer Zustand.
- Abhängigkeit von der Absicht eines Gegners und seinen Möglichkeiten.
- Sonderheit der Leistung der Streitkräfte: Leistung nicht speicherbar,
  Abschreckungswirkung.

In der Diskussion um den Eurofighter wurde häufig argumentiert, daß es eher um
die Erhaltung der Arbeitsplätze in der Hochtechnologie gehe, als um ein notwendiges militärisches Dienstleistungsgerät.

Hinter der Diskussion um die Wehrpflicht und um die Verringerung der Stärke
der Bundeswehr geht es auch um die Lage am Arbeitsmarkt. Eine Reduzierung
würde die Zahl der Arbeitslosen erhöhen: Die Wehrpflicht als verdeckte Arbeitslosigkeit.
Die Wehrpflicht würde auch gebraucht, um über die Möglichkeit des Zivil-
dienstes das Fürsorgesystem der Bundesrepublik nicht noch mit höheren Kosten
zu belasten.

**Wehrpflicht und
Situation am
Arbeitsmarkt**

Noch einmal; Ohne weiter an dieser Stelle auf das Für und Wider solcher
Argumente einzugehen, sollte es vermieden werden, den Einzelplan 14 mit
betriebsfremden Ausgaben zu belasten und den Haushalt des Verteidigungs-
ministeriums aufzublähen.

**Die Beschaffung von Kapital für die Bundeswehr als militärischen Dienstleis-
tungsbetrieb allein durch öffentliche Mittel wird durch Optionen bis hin zu
einer börsengängigen Finanzierung zu ergänzen sein.**

These 7

Begründung: Die von den Bürgern über Steuern und Abgaben einzuziehenden
Einnahmen werden sich auf absehbare Zeit nicht steigern lassen. Die Verschuldung
des Staates liegt am Rande der Verfassungswidrigkeit Art. 115 GG. Durch die in
naher Zukunft liegende Änderung des Rentensystems wird der Haushalt der öffentlichen Hände weiter belastet. Die Einnahmen des Staates werden zur Deckung der
sozialen Fürsorge benötigt werden, eine soziale Fürsorge, die insbesondere durch die
Entlassungen und Produktionsverlagerungen der privaten Unternehmungen für ihre
Wettbewerbsfähigkeit entstanden ist.

Die Bundeswehr bekommt ihre Mittel in Form von Geld durch das Bundesminis-
terium der Finanzen zugewiesen. Der Anteil an den Gesamteinnahmen des
Bundes wird durch das Parlament beschlossen und als Gesetz verkündet. Der
Entscheidungsprozeß erfolgt nicht immer im Sinne optimaler Nutzung der
Mittel. Hier Bundeswehr, dort der Wahlkreis.

Geschichtliche Beispiele weisen auf andere Arten möglicher Kapitalbeschaffung für die militärischen Dienstleistungsbetriebe hin.

Grundsätze staatlicher Einnahmen

Der fiskalische Grundsatz des Verbots der Zweckbindung staatlicher Einnahmen für bestimmte staatliche Ausgaben herrschte nicht immer. Die Sektsteuer beispielsweise wurde für den Flottenbau der Kaiserlichen Flotte erhoben, die Kfz-Steuer für den Straßenbau. In Zeiten der Naturalwirtschaft erfolgte die Zuführung durch Sach- und Personalleistung. In einer weiteren Epoche traten große Finanziers auf, die die Truppen ihrer Landesfürsten finanzierten in der Hoffnung auf Beteiligung am Erfolg.

Teile dieser Arten von Finanzierung sind auch heute noch üblich. Die chinesische Armee beispielsweise unterhält eigene Wirtschaftsbetriebe zu ihrer Finanzierung. Aus Zeiten der sowjetischen Besatzung wissen wir, daß die Sowjetarmee Erntehilfe gegen Naturalleistungen gewährte. Die Finanzierung einer Armee über Besatzungs- später Stationierungskosten ist noch nicht allzu lange her. Die finanzielle Beteiligung am Irak-Feldzug statt Gestellung von Truppen kann hierzu gerechnet werden.

Was hier von Staat zu Staat erfolgte, könnte von Privat an den Staat oder umgekehrt stattfinden.

Auf die Vielfalt börsengängiger Finanzierung soll hier nicht weiter eingegangen werden. Für militärische Unternehmungen, die im allgemeinen Interesse liegen, könnten öffentliche Anleihen etc. aufgelegt werden. Für Unternehmungen, die besondere Branchen begünstigen, z. B. Öl, wären Sponsoren oder deren Beitrag zu gewinnen. Weiterhin ist zu denken an Betreiber-Fonds für Depots, Schulen, Kasernen mit dem Ziel, wirtschaftlicher Nutzung nicht benötigter Teile.

Ergänzend zu der Problematik Wehrpflicht - Berufsarmee sei erlaubt anzumerken: Der Zwang zur persönlichen Dienstleistung stammt aus der Zeit vor der Geldwirtschaft. Danach ist es allgemein üblich, seine Verpflichtungen gegenüber dem Staat in Geld abzulösen.

Erweiterung des Bundeswehrauftrages

Durch die Erweiterung des Auftrages an die Bundeswehr von der Landes- und Verteidigung des Bündnisterritoriums bis hin zur Wahrung wirtschaftlicher Interessen zum Zwecke der Stabilität bekommt die Finanzierung neue Aspekte. Der Kapitalgeber, gleichgültig, ob Steuerzahler oder privater Finanzier, wird detaillierte Fragen nach dem Sinn und Zweck seiner Kapitaleinlage stellen. In den Diskussionen um militärische Unternehmungen wird nach Höhe des Kapitaleinsatzes und seiner Verluste gefragt werden. Der Wert der Ausstattung wird dem Shareholder laufend zu vermitteln sein.

Beispielsweise kann der Bedarf an Personal angesichts der unterschiedlichen Personalkosten in den einzelnen Ländern dort gedeckt werden, wo er am billigsten zu bekommen ist, wie in den Wirtschaftsbetrieben üblich.

Eine neue Struktur für den zweigeteilten Auftrag ist notwendig.

Begründung: Bis zu dem Urteil des Bundesverfassungsgerichtes hatte die Bundeswehr nur den Auftrag, im Rahmen der NATO Angriffe auf das Territorium der NATO abzuwehren. Seitdem beteiligt sie sich an Interventionseinsätzen. Die bisher durchgeführten Umgliederungen bezogen sich nur auf die Integration der NVA und die Reduzierung der Bundeswehr. Der Interventionsauftrag hat sich noch nicht in einer neuen Struktur niedergeschlagen.

Als Vorsorge gegen militärische Aggressionen gegen die Bundesrepublik und ihre Teilnahme an friedenserhaltenden und friedensfördernden Maßnahmen auch außerhalb des NATO-Gebietes ist folgendes vorzuschlagen:

1. Die Landesverteidigung ist mit der Zivilverteidigung organisatorisch zu vereinen in eine selbständige Institution im Sinne eines öffentlichen Betriebes. Nur eine solche Organisation ist berechtigt, die Bezeichnung „Bundeswehr" zu tragen. Neben wirtschaftlichen Überlegungen kommt diese Lösung dem Trend entgegen, dem Verständnis von Demokratie entsprechend, den Bürger direkt an der Vorsorge für die Sicherheit seines Staatswesens mitarbeiten zu lassen, entweder durch eine Wehrpflicht oder das Milizsystem.

Vereinigung von Landes- und Zivilverteidigung

2. Der Wert oder der Nutzen aus der Bereitstellung militärischer Dienstleistungen für humanitäre Zwecke, Krisenmanagement etc. als öffentliches Gut bedarf einer besonderen Einschätzung. Diese Aufträge dienen nicht mehr unmittelbar der Landesverteidigung. Die Krisenreaktionskräfte bedürfen einer anderen Organisation, anderen Personals und Ausstattung als die Hauptverteidigungskräfte. Auf Grund der unterschiedlichen Aufgabenstellung muß eine Verzahnung als unwirtschaftlich angesehen werden. Sie verhindert einen reibungslosen Ablauf beider Aufträge. Die Bezeichnung sollte richtigerweise „Deutsche Streitkräfte" heißen, analog den Bezeichnungen der alliierten Streitkräfte, wie US-Armed Forces oder Forces Françaises etc..

3. Beide Institutionen müssen in einen Rahmen gestellt werden, der unternehmerisches Denken und Handeln ermöglicht. Unternehmerische Freiheit ist notwendig, um die Einsätze selbstverantwortlich auf eigener ökonomischer Grundlage zu führen. Es darf nicht fremdbestimmt werden über Einsätze oder Verlängerung derselben, die vorher nicht vereinbart waren, deren Finanzierung nicht sichergestellt ist.

Betriebsziel des öffentlichen Unternehmens „Bundeswehr" ist die Verteidigung der Landesgrenzen, des Luftraumes und der Schutz der Bevölkerung. Das Unternehmensziel der „Deutschen Streitkräfte" ist die Teilhabe an friedenserhaltenden und friedensschaffenden Maßnahmen mittels Krisenreaktionskräften. Gesteuert werden die beiden Unternehmen über eine Holdinggesellschaft als Finanzierungs- und Investitionsgesellschaft. Sie ist eine kleine Gruppe von Personen aus dem politischen Bereich und der Exekutive aus Bund und Ländern. Sie steuert durch Zuteilung von Mitteln jeweils nach aktueller Lage den Schwerpunkt der militärischen Dienstleistung. Damit ist dem Primat der Politik die Organisation

Bundeswehr als öffentliches Unternehmen

der Leitung, Kontrolle und Koordination gegeben. Sie wird damit zur Exekutive abgegrenzt. Mißbrauch des Primats der Politik wird verhindert.

These 9   **Die Bundeswehr ist auf dem Weg zur ökonomischen Rechnung als Führungs-mittel.**

Begründung: Im allgemeinen hat sich die Erkenntnis durchgesetzt, daß die Bundes-wehr ein Betrieb ist und nach dem ökonomischen Prinzip als Führungsgrundsatz geführt werden muß. Zur Erfüllung einer Aufgabe, hier militärische Dienstleistungen zu erstellen, bedarf es einer Institution, in der der handelnde Mensch diese Aufgabe im Dauervollzug durchführt. In einem Betrieb muß mit zwei Arten von Daten ge-rechnet werden: mit technischen und ökonomischen. Technische Daten sind Meter, Kilogramm, PS etc. Die ökonomischen Daten sind Kapital, Vermögen, Geld, Kosten und Erträgnisse. Bisher stand das Rechnen mit technischen Daten bei der Bundes-wehr im allgemeinen hoch im Kurs. Beim Rechnen mit ökonomischen Daten ließ man es bisher mit einer Geldrechnung mit Einnahmen und Ausgaben bewenden. Das Ausgabendeckungsprinzip stand im Mittelpunkt. Es war also nicht so sehr die Frage, wofür das Geld ausgegeben wurde, sondern das Streben nach Einnahmen für die not-wendige Deckung der Ausgaben.

Kosten- Leistungs-   Mit der Einführung des Konzepts der Kosten-Leistungs-Verantwortung wird ein
Verantwortung   neues Kapitel angewandter Betriebswirtschaft in der Bundeswehr aufgeschlagen.
(KLV)

Über den Zweck und den Stand der Arbeiten sind hier die Ausführungen des unter den Teilnehmern weilenden Sonderbeauftragten für Aufwandbegrenzung und Rationalisierung, Brigadegeneral Dr. Schikowski eingefügt:

Um die Schere zwischen der Verantwortung für die Leistungserstellung und der Verantwortung für die Kosten zu schließen, aber auch, um die sich bietenden Möglichkeiten zum wirtschaftlicheren Einsatz der verfügbaren Mittel der Bun-deswehr zu nutzen und auf diese Weise einen Beitrag zur Rückgewinnung von Planungsfreiheit zu leisten, wurde 1993 beginnend das Instrument KLV entwik-kelt und erprobt. Zur Zeit läuft der Prozeß der Einführung von KLV in zunächst 220 Dienststellen. Wenn die Wirtschaftlichkeit dieses Vorgehens nachgewiesen wird - und daran ist in Anbetracht der bisherigen Erfolge kaum zu zweifeln - wird dem Minister empfohlen, ab Jahresbeginn 1999 nach und nach auch noch die restlichen gut 600 KLV-fähigen Dienststellen einzubeziehen.

(KLR)   Das Instrument KLV besteht im wesentlichen aus den Elementen
(KVP)   • KLR (Kosten- und Leistungsrechnung)
• KVP (Kontinuierliches Verbesserungsprogramm).

Durch die Transparenz, die in die Prozesse der Leistungserstellung als Folge des Aufbaus der KLR hineingebracht wird und durch die systematische Einbezie-hung des Kreativpotentials der Mitarbeitermittels KVP, wird mit KLV das Kriterium „Wirtschaftlichkeit" in den Führungsprozeß im Frieden eingeführt. Damit ist aber auch die Grenze der Anwendbarkeit von KLV aufgezeigt: Dieses Instrument ist kaum geeignet, die Führung im Einsatz zu unterstützen und damit die dann geforderte Führungsleistung im Gefecht zu verbessern.

Die KLR umfaßt neben einer Kostenarten- und einer Kostenstellenrechnung eine Prozeßkostenrechnung. Sie wird nur dort um eine konventionelle Kostenträgerrechnung ergänzt, wo der Leistungserstellungsprozeß der Dienststelle zu Produkten im Kostenträgersinne führt, z. B. in der Basisinstandsetzung. Sie erlaubt die Erstellung von BAB. Die mit ihrer Hilfe gewinnbaren Primärdaten und Kennzahlen schaffen die Voraussetzung für ein alle Führungsebenen umfassendes Controlling.

Umfang der KLR

Da das Parlament unverändert die Haushaltmitel nach den Verfahren und der Systematik der Kameralistik zuteilt und ihre zweckentsprechende Verwendung überwacht, kann die KLR die Haushaltsrechnung nicht ersetzen. Die KLR tritt ergänzend hinzu. Um nicht in zwei parallelen Systemen unverbunden nebeneinander arbeiten zu müssen, um die Beziehungen zwischen Kosten einerseits und Ausgaben andererseits transparent zu machen, bedarf es einer Kontenbrücke. Die grundlegenden Arbeiten hieran sind abgeschlossen. Das Instrument wird noch im 1. Halbjahr 1998 in einer benutzerfreundlichen, DV-gestützten Form, verfügbar sein.

Der optimale Einsatz der einer Dienststelle zugeteilten Haushaltmittel wurde und wird durch zwei Grundsätze der Haushaltsführung erschwert, durch die Jährlichkeit und durch die strenge Zweckbindung. Dies ist erkannt. Um eine Besserung herbeizuführen, gestattet das Parlament seit Jahresbeginn 1998 im Rahmen der sog. Flexiblen Budgetierung allen Dienststellen, in denen eine leistungsfähige KLR eingeführt ist, ein Abgehen von diesen Grundsätzen. Der hierdurch gegebene Zugewinn an Freiraum wird seitens der Kommandeure und Dienststellenleiter als beträchtlich empfunden, auch wenn ihnen unverändert nur ein geringer Teil der benötigten Mittel in der Form von budgetierbaren Haushaltsmitteln zugeteilt wird.

Die seit nunmehr über fünf Jahren laufenden Bemühungen um Erhöhung der Wirtschaftlichkeit im Betrieb der Bundeswehr zeigen erkennbar erste Erfolge. Durch KLV und andere Maßnahmen zur Aufwandbegrenzung und Rationalisierung wird es möglich sein, in der Bundeswehrplanung mittel- bis langfristig den Bedarf an Mitteln für den Sachbetrieb um etwa 10 % zu vermindern. Diese Maßnahmen leisten auch einen wesentlichen Beitrag dazu, den durch Strukturentscheidungen vorgegebenen Personalabbau ohne Leistungseinbußen zu verkraften. Das Denken in Kategorien der Wirtschaftlichkeit beginnt dort, wo es sinnvoll anwendbar ist, zur Selbstverständlichkeit zu werden. Nicht zuletzt die Tatsachen, daß innerhalb der Streitkräfte nicht nur der Unterstützungsbereich, die Logistik also, in diese Bemühungen einbezogen wird, sondern gleichermaßen die kämpfende Truppe, und daß neben der Armee auch die Wehrverwaltung ihren vollen Beitrag leistet, haben zu dieser Entwicklung beigetragen.

Aufwandbegrenzung und Rationalisierung

These 10   **Die Knappheit an Kapital verlangt neue Beschaffungsmethoden.**

Begründung: Durch die einschlägige Presse ging am 19.08.1997 die Information, daß Japans Wertpapierhäuser sich für Spaniens Armee interessieren. Dort stand zu lesen, daß die Spanische Armee ihr militärisch genutztes Gelände einschließlich von Truppenübungsplätzen, Befehlszentren und Wartungsanlagen an eine japanische Gruppe verkaufen will. Auf Seiten der spanischen Streitkräfte bestehe die Absicht, mit dem Verkauf die Umstellung von Wehrpflicht auf Berufsarmee und eine umfassende technische Modernisierung zu finanzieren und die benötigten Anlagen von der japanischen Gruppe zu leasen. Auf japanischer Seite lockt die Rendite aus den leicht zu verwertenden Marineanlagen und Flugplätzen für zivile Zwecke. Die Japaner gehen davon aus, daß in absehbarer Zeit die spanischen Streitkräfte weiter reduziert werden und damit die eine oder andere Anlage frei wird. In bezug auf die Bundeswehr ist dies durchaus einer Spekulation wert.

Leasing   Die unter dem Begriff Leasing bekanntgewordene Technik, bewegliche und unbewegliche Gegenstände gegen Entgelt zu mieten statt zu kaufen, ist eine weitere Möglichkeit zur Nutzung von Fremdeigentum als Vermögensersatz.

Über Leasing durch die Bundeswehr ist schon zahlreiche Literatur erschienen. Haushaltsrechtliche Vorschriften, insbesondere § 7 BH0, verhindern ihre Anwendung. Dennoch sollte überprüft werden, ob nicht das eine oder andere handelsübliche Gerät statt des Kapitaleinsatzes von der Bundeswehr geleast werden könnte. Zu denken ist dabei z. B. an die Schutzbekleidung der Soldaten wie in einzelnen hochgefährdeten Berufen der Stahlkocher etc.. Nicht nur Motivation und Ausbildung sind von hoher Bedeutung, sondern auch eine zweckorientierte Ausrüstung. Sie macht eine sachgemäße Pflege und Wartung notwendig und ist auf dem neuesten Stand zu halten durch Auswechseln durch den Leasing-Geber. Manche Kleiderkammer könnte sich dadurch als überflüssig erweisen, zumindest aber entrümpelt werden.

Vor allem diese These ist der Gegenstand weiterer Referate und Diskussionen des Symposiums.

Generalmajor a.D. Dr. Johannes Gerber, Koblenz

Möglichkeiten der Ausrüstung des Soldaten und Wege deren Beschaffung

Hptm. d.R. Martin Faust

1.1 Einleitung   Die Ausstattung des Soldaten

Es ist stockfinstere Nacht. Ein Kommandosoldat kriecht unbemerkt auf eine atomare Forschungsanstalt im Einsatzland zu, von der eigene Geheimdienstexperten annehmen, daß in ihr eine nicht autorisierte Atombombe produziert wird. Sein Auftrag wurde dem schlafenden Soldaten während des Fluges zu seinem Einsatzort mit Hilfe eines CD-Spielers unterbewußt in sein Gehirn eingespeist. Wahrnehmungsfördernde Pillen und unterstützende Sensoren versetzen ihn vor Ort in die Lage, jedes Detail des Zielobjektes in der Dunkelheit zu erkennen und jedes gesprochene Wort der im Atommeiler sprechenden Wissenschaftler aufzunehmen. Über ein Armbanduhr-Satellitenfunkgerät, das an ein Kehlkopfmikrophon angeschlossen ist, hält er ständig Verbindung zu der Befehls- und Einsatzzentrale im Heimatland. Um den Wachposten abzulenken, projiziert der Soldat ein dreidimensionales Laserhologramm seinerselbst neben das Wachgebäude am Haupttor des Atommeilers. Nun geht alles sehr schnell. Über das im Helm integrierte Head-Up-Display visiert er mit seiner an der Schulter angebrachten intelligenten Waffe das Zielobjekt an. Diese erkennt Objektart, Entfernung zum Objekt sowie aktuelle Windrichtung und -geschwindigkeit und wählt die Munitionsart bevor der Soldat abfeuert. Die Rakete schießt in's Ziel. Getroffen. Auftrag ausgeführt. Eine weitere gelungene und saubere militärische Operation des 21. Jahrhunderts.

Szenario   Zwar ist dieses, in der „Concepts and Studies Division" des „Army's Special Warfare Centers" in Fort Bragg, konstruierte Szenario noch futuristische Idee, aber es ist bereits über das Phantasiestadium hinaus. Hier arbeiten militärische, technische und ökonomische Spezialisten zusammen, um die übernächsten Generationen persönlicher Bekleidung, Bewaffnung und Ausrüstung von Soldaten zu konzipieren. Gewagte Ideen und kühnes Vorstellungsvermögen, langjährige und immer aktualisierte Kampferfahrung, umfangreiches militärisches Wissen, tiefes technisches Verständnis aller Richtungen, enge Zusammenarbeit mit Industriezweigen aller Branchen (z.B. Computer-, Telekommunikations-, Outdoor- und Waffenindustrie) und der Mut zu ungewöhnlichen und neuen Ideen prägen die Arbeit dieser Gruppe. Ihr Motto lautet „Es gibt drei Typen von Menschen: Solche, die Dinge bewegen, solche, die zuschauen, wie Dinge bewegt werden und solche, die sich darüber wundern, was passiert ist." Die Jungs der Concepts und Studies Division wollen Neues konzipieren über das sich andere dann wundern können. Vornehmlich aber sind sie wehrtechnische Vordenker.

Doch auch in den europäischen Armeen und in der Bundeswehr hat sich bezüglich persönlicher Bekleidung, Bewaffnung und Ausrüstung der Soldaten einiges getan. Initiiert im wesentlichen durch eine Untersuchung der NATO mit dem Titel „Soldier Modernisation Programm" arbeiten NATO- und Nicht-NATO-Partner seit Beginn der 90er Jahre an eigenständigen Konzepten „System Soldat". Neu bei diesen Vorhaben ist, daß der Mensch als einzeln kämpfender Soldat mit seiner Bewaffnung, Bekleidung und Ausrüstung sowie mit seinen psychischen und physischen Bedürfnissen nunmehr ganzheitlich und als System betrachtet wird. In der Vergangenheit wurde der Begriff System im militärischen Bereich in der Regel nur für technische Systeme, insbesondere für Waffensysteme benutzt. Der Systemgedanke beim „System Soldat" läßt den Soldaten nunmehr zum eigenen, mit anderen Waffensystemen kompatiblen Waffensystem werden, währenddessen er früher lediglich Benutzer von Waffensystemen war. Im Mittelpunkt des „System Soldat" steht der Mensch, dessen natürliche Fähigkeiten und Gewohnheiten zu nutzen und zu stärken sind. Dabei kann er auf eine Summe von kompatiblen Ausrüstungselementen (Modulen) zurückgreifen, die durch geschickte Zusammensetzung zu missionsgerechten Ausrüstungssätzen kombiniert werden können. Dieser systemorientierte Ansatz soll künftig die Überlebensfähigkeit und die Wirksamkeit des einzelnen Soldaten sowie das Zusammenwirken innerhalb von Trupps, Gruppen und mit anderen operativen Einheiten insbesondere beim abgesessenen Einsatz steigern.

1.2 „System Soldat"

Entwicklung des Konzeptes „System Soldat" in der Bundeswehr

1.3 Entwicklung des Konzepts

Die Bundeswehr hat den Systemgedanken für Teilbereiche bereits in den 80er Jahren gedanklich aufgenommen und z.B. im Bekleidungssystem 90, dem Tragesystem und der Kampfausstattung Infanterie umgesetzt. Nunmehr werden die bereits vorhandenen systemorientierten Aktivitäten der einzelnen Teilgebiete unter der Bezeichnung „System Soldat 95" zusammengeführt. Die verbesserte und modernisierte neue Bekleidung, Bewaffnung und Ausrüstung des Systems werden derzeit in Ansätzen in alle Teilstreitkräfte eingeführt. Die Entwicklung jedoch geht weiter. Auf dem „System Soldat 95" aufbauend, wird das „System Soldat 2001" konzipiert werden, das den Systemgedanken „Mensch-Maschine-System" weiter vertieft, Änderungen in den operationellen Einsatzoptionen und Einsatzgrundsätzen berücksichtigt und aktuelle technische Entwicklungen mit einbezieht. Die durch den Generalinspekteur der Bundeswehr erlassene „Zielvorgabe Bekleidung" ermöglicht beispielsweise im Bereich des Subsystems Bekleidung entsprechende systemorientierte Weiterentwicklung. Wie das fertige „System Soldat 2001" im einzelnen aussehen wird, wer es erhalten wird und welche Stückzahlen beschafft werden, ist noch nicht festgelegt. Eines aber zeichnet sich ab: Es werden nicht mehr alle Soldaten die gleiche Bekleidung, Bewaffnung und Ausrüstung erhalten. Vielmehr wird jeder einzelne Soldat genau das, was er für die Erfüllung seines konkreten Auftrages in seiner Truppengattung benötigt, erhalten. Die Kampftruppen des Heeres sind bei der Erfüllung ihres Auftrages auf besonders hohe Qualität von Bekleidung, Bewaffnung und Ausrüstung angewiesen. Dieser Erkenntnis trägt eine konkrete Ausgestaltung des „Systems Soldat 2001", das „System Infanterist der Zukunft" besonders Rechnung. Mit ihm soll ein Nachfolgesystem für das „System Soldat 95" geschaffen werden, das in seiner Leistungsfähigkeit einen deutlichen Quantensprung darstellt sowie eine bedarfsgerechte Ausstattung sicherstellt. Ein Experimentalprogramm des „Systems Infanterist der Zukunft" ist bereits in der Gruppe Weiterentwicklung an der Infanterieschule in Hammelburg gestartet.

1.4 Konzepte anderer Nationen

„System Soldat" in anderen Nationen

Das Konzept „System Soldat" findet durch das „Soldier Modernisation Programm" und das „Operational Concept for the NATO Individual Combat Soldier" der NATO unter verschiedenen Synonymen mittlerweile weltweit Anwendung. Allen nationalen Konzepten gleich ist das Ziel, die Wirksamkeit insbesondere des abgesessen kämpfenden Soldaten durch einen systemorientierten Ansatz unter Nutzung neuer Technologien erheblich zu steigern und gleichzeitig die Belastung des Soldaten durch die flexibel abstimmbare modulare Systemausrüstung zu minimieren. So kennen beispielsweise die USA neben dem „Generation II Soldier System" ihren vor dem Hintergrund eines zukünftigen „Digitized Battlefield" einzusetzenden „Land Warrior", Frankreich sein „SystÈme Combattant (SC) 2005", Großbritannien sein aus dem „Future Fighting Soldier System (FFSS)" hervorgegangenen „Future Infantry System Technology (FIST)", Australien sein „Wundurra" (Krieger), Kanada sein „Integrated Protective Clothing and Equipment (IPCE)" und Rußland sein „Soldat 2000", an dem auch Bulgarien sehr interessiert ist. Auch Belgien und Israel beteiligen sich auf Industrieseite an der Entwicklung neuer Technologien im Rahmen eines „System Soldat". Bei der Entwicklung der individuellen nationalen Vorhaben des „Systems Soldat" findet ein mehr oder weniger regelmäßiger Informationsaustausch insbesondere zwischen Deutschland, Frankreich, Großbritannien, den Niederlanden und den USA statt, der vor allem technische Komponenten, nationale Einsatzgrundsätze und Fragen der Interoperabilität beinhaltet. Auf Ebene der NATO existiert bezüglich des „Systems Soldat" die Working Group 3 NATO Soldier Modernisation Plan - Soldier System, kurz WG 3 genannt, in der 14 Mitgliedsstaaten vertreten sind und in der die Kompatibilität der Ausrüstung als Voraussetzung für die Interoperabilität sowie Einsparungen durch Arbeitsteilung erklärte Ziele sind.

1.5 Hintergrund

Hintergrund der Entwicklung des Konzeptes „System Soldat"

Die Entwicklung eines „System Soldat" der Bundeswehr wurde vor allem deshalb notwendig, weil sich die sicherheits- und verteidigungspolitischen Rahmenbedingungen weltweit geändert haben und sich damit auch das Aufgabenfeld und das daraus resultierende mögliche Auftragsspektrum der Bundeswehr geändert bzw. erweitert hat. Neben der Landesverteidigung ergeben sich durch die Mitgliedschaften in NATO, WEU, UN und OSZE eine Fülle von Interessen und Verpflichtungen. Hieraus folgen eine Vielfalt möglicher Einsatzszenarien und -regionen sowie möglicher Gegner. Gefordert sind nicht mehr Streitkräfte, die auf einen bestimmten Einsatz hin optimiert sind, sondern die das gesamte nationale und multinationale Einsatzspektrum, das bedeutet alle nicht auszuschließenden Einsätze durchführen können. Dem Einsatz abgesessener Kräfte kommt dabei insgesamt ein erhöhtes Gewicht, man kann sogar sagen, dem infanteristisch kämpfenden Soldaten kommt eine Schlüsselrolle zu. Neben der Rolle des Helfers, des Schlichters und des Beschützers werden Aufklärungs-, Sicherungs-, Säuberungs- und Kampfaufträge in bebautem, bewaldetem und bergigem Gelände immer häufiger werden, wie unterschiedliche nationale und NATO Untersuchungen und Grundsatzdokumente deutlich und unmißverständlich zeigen. Für solche Aufträge sind Fahrzeuge und fahrende Waffensysteme nur begrenzt wirksam einsetzbar. Der Steigerung bzw. Optimierung der Wirksamkeit und Überlebensfähigkeit des abgesessen kämpfenden Infanteristen kommt deshalb große Bedeutung zu. Daraus leiten sich vielfältige Anforderungen an die Entwicklung und an den Einsatz auftrags- und bedrohungsgerechter Ausstattung, also entsprechender Bekleidung, Bewaffnung und Ausrüstung ab. Diesen Anforderungen soll mit dem Konzept des „System Soldat" Rechnung getragen werden. Information und Vernetzung gewinnen für den abgesessen kämpfenden Infanteristen zentrale Bedeutung. Die Einbettung des „System Soldat" in ein künftiges „digitales Gefechtsfeld" mit Anschluß an den Führungs-, Aufklärungs- und Informationsverbund Heer und Bundeswehr wird damit absolut notwendig. Die seit einigen Jahren stattfindende kommerzielle technologische Revolution v.a. auf dem Gebiet der Sensorik-, Informations- und Kommunikationstechnik versprechen hierbei wesentliche Beiträge.

Was der Infanterist der Zukunft für einen Einsatz bzw. für bestimmte Einsatzelemente bzw. Aufträge benötigt, hat er am Mann. Was er nicht braucht, läßt er zurück. Dies erfordert die Möglichkeit einer einsatzabhängigen Zusammensetzung der Bekleidung, Bewaffnung und Ausrüstung, ein modular aufgebautes Gesamtsystem wird damit entscheidend.

Beschreibung des „System Soldat" in der Bundeswehr
System- bzw. Funktionsbereiche

Das „System Soldat" der Bundeswehr unterscheidet fünf System- bzw. Funktionsbereiche, über die es auch innerhalb der NATO Übereinstimmung gibt. Die technische Ausgestaltung der einzelnen Komponenten bzw. Module dagegen ist in den Armeen der einzelnen Nationen durchaus unterschiedlich.
Die fünf System- bzw. Funktionsbereiche sind in der Reihenfolge ihrer Priorität
• Kampfkraft bzw. Durchsetzungsfähigkeit
• Überlebensfähigkeit
• Führungsfähigkeit
• Beweglichkeit
• Durchhaltefähigkeit

Kampfkraft bzw. Durchsetzungsfähigkeit des „System Soldat" werden entscheidend durch Bewaffnung, Munition und Kampfmittel sowie durch Ziel-, Richt- und Aufklärungsmittel bestimmt - immer vor dem Hintergrund eines 24 Stunden Kampftages.
Die Überlebensfähigkeit wird im wesentlichen bestimmt durch ABC-Schutz, ballistischen Schutz, Schutz gegen optische, optronische und akustische Aufklärung, Klima- und Witterungsschutz sowie effektive Warnmechanismen.
Schnelle Informationsgewinnung und -übertragung sind die Schlüsselwerte der

1.6 Beschreibung des Systems

Systembereiche

Führungsfähigkeit. Interoperabilität, Echtzeitübertragung und sichere Verbindungen spielen dabei eine entscheidende Rolle.

Eine Erhöhung der Beweglichkeit bedeutet im wesentlichen Vermeidung physischer Überlastung durch leichte Ausstattung, die zudem ergonomisch günstig auf den Soldaten verteilt sein muß sowie Unterstützung bei der Orientierung.

Die Durchhaltefähigkeit schließlich soll insbesondere durch die Befriedigung der Grundbedürfnisse, die Erfüllung der Ausrüstungserfordernisse, die Aufrechterhaltung des Gesundheitszustandes und ggf. Hilfe im Notfall sowie durch eine effektive logistische Unterstützung erhöht werden.

System bzw. Funktionsbereich	Inhalt (NATO-einheitlich)
Kampfkraft bzw. Durchsetzungsfähigkeit	• Gefechtsfeld beobachten und auftretende Ereignisse entdecken • Ereignis als mögliches Ziel erkennen • Ziel identifizieren und als echtes Ziel klassifizieren • Information über identifizierte Ziele weitergeben und empfangen • Ziel erfassen • Ziel bekämpfen • Wirkung überprüfen
Überlebensfähigkeit	• Entdeckung vermeiden • Den Gegner täuschen • Bedrohungen entdecken • Information über entdeckte Bedrohungen erhalten und übermitteln • Verteidigungsstellungen vorbereiten • Schutz bieten (gegen Explosionsdruck, DEW, Geschosse, Splitter, ABC) • Gelände- und Witterungsverhältnisse vorhersagen • Aktuelle Gelände- und Witterungsverhältnisse feststellen • Aktuelle Gelände- und Witterungsverhältnisse übertragen • Ausrüstung an aktuelle Gelände- und Witterungsverhältnisse anpassen • (analoge Funktionen in Bezug auf Bedrohung durch Tiere und Insekten)
Führungsfähigkeit	• Information empfangen • Information verarbeiten • Information speichern • Information darstellen • Information verteilen
Beweglichkeit	• Orientierung • Navigation • Geländeinformation erhalten und liefern • Marschieren • Ausrüstung auf dem Marsch tragen • Fahrzeug besteigen und verlassen
Durchhaltefähigkeit	• Grundbedürfnisse befriedigen (essen, trinken, schlafen, erholen) • Ausrüstungserfordernisse erfüllen (Energie, Munition, Instandsetzung, Dekontamination, Information) • Gesundheitszustand überwachen • Erste Hilfe leisten

1.6.2 Komponenten   System- bzw. Ausstattungskomponenten

Die System- bzw. Ausstattungskomponenten der fünf System- bzw. Funktionsbereiche des „System Soldat" sollen in den nachfolgenden Übersichten kurz dargestellt werden. Dabei werden die alten Ausstattungskomponenten, die Komponenten des „System Soldat 95", in der Experimentalphase befindliche Komponenten des „System Infanterist der Zukunft" sowie weitere ausgewählte konzeptionelle Vorhaben der Bundeswehr, der Industrie und anderer Nationen aufgezeigt und gegenübergestellt werden.

Andere Komponenten:

System-/ Funktionsbereich	Alte Ausstattungskomponenten	Ausstattungskomponenten „System Soldat 95"	Konzeptionelle Ausstattungskomponenten „System Soldat Infanterist der Zukunft"*
Kampfkraft/ Durchsetzungs-fähigkeit (Lethality)	Waffen: • G 3 • G 3 mit ZF • MG 3 • P 1 • MP 2 • Granatpistole • PzFst 44 mm	Waffen: • Sturmgewehr G 36 mit Munition 5,56 mm x 45 • Scharfschützengewehr G 22 • Maschinengewehr MG 36 • Pistole P 8 • Granatpistole • Granatmaschinenwaffe 40 mm • Panzerfaust Pz Fst 3 • Bunkerfaust	Waffen: • Scharfschützengewehr für gr. Reichweiten • Nachfolgemodell für MP • Nichtlethale Waffen, Munition und Kampfmittel • Kombiniertes Granat- und Sturmgewehr • Waffen zum Schießen ohne Exponierung (remote sensing and firing)
	Andere Komponenten: • BiV Orion • BiV-Brille	Andere Komponenten: • BiV ZF leicht (G 36, MG 36, G 22) • Nachtsichtbrille • Laserentfernungsmesser • Laserzielmarkierer (G 36, MG 36)	Andere Komponenten: • Verbessertes Fernglas, Tagzieloptik • Verbesserter BiV • WBG, Fernsehen • Horchgerät, Richtfunk • Entfernungsmesser, digitaler Kompaß • Feuerleitrechner • Zielerkennung Freund-Feind • Scheinwerfer
Überlebensfähigkeit (Survivability)	Schutz gegen Witterung: • Moleskinanzug • Lange Unterwäsche • Gummijacke und -hose • Poncho	Schutz gegen Witterung: • Unterziehhose Kälteschutz • Unterziehjacke Kälteschutz • Unterhemd, Rollkragen • Nässeschutzjacke/-hose GORE-TEX®, Tarndruck	Bekleidung: • Komplette Tropen- und Subtropenkleidung und -ausrüstung (inkl. Schlafsack, Nässe-schutz, Gesichtsschutz, Kampfschuhe, Ruck-sack, ABC-Schutz usw.) • Verbesserter Gefechtshelmüberzug • Material- und Gewebeentwicklung für flammenresistente Uniformen • Verbesserter Schneetarnanzug • Verbesserter Poncho • Winterunterwäsche für arktische Temperaturen
	Schutz gegen optische Aufklärung: • Moleskinanzug	Schutz gegen optische Aufklärung: • Feldbekleidung, Tarndruck • Feldbekleidung Tropen, Tarndruck	

* = (i.d.R. ergänzend zum „System Soldat 95", vereinzelt auch im Austausch dazu)

	Ballistischer Schutz: • Splitterschutzweste • Stahlhelm	Ballistischer Schutz: • Splitterschutzweste • Schußsichere Weste (Bristol, • Gefechtshelm • Splitterschutzbrille	Ballistischer Schutz: • Laser- und Splitterschutzbrille • Gefechtshelm mit Visier (Multifunktionsdiplay) und Kommunikationselementen
	ABC Schutz: • ABC-Schutzmaske M 65 • Poncho	ABC Schutz: • ABC-Schutzmaske M 65 A2 • Feldflasche mit Trinkvorrichtung	A-Schutz: • Strahlenspür- und Verstrahlungsmeßgerät • Persönlicher Dosimeter • Oberflächenkontaminationsmeßgerät
			C-Schutz: • ABC-Schutzmaske 2000 • Bekleidungsausstattung, ABC-Scutz Schaum-Filterstoff • ABC-Schutzausstattungstasche • ABC-Schutzbekleidung, leicht (KRK) • ABC-Poncho
			Andere Komponenten: • Tarn- und Täuschmittel • Zielerkennung Freund-Feind Transponder • Warngeräte (Laser, IR, Radar, ABC u.a.)
Führungsfähigkeit (C41)	Funkgeräte: • SEM 52 A • SEM 52 S • SEM 35	Funkgeräte: • SEM 52 SL • SEM 52 S • SEM 70	Funkgeräte: • Neue Funkgeräte für sichere Sprach-, Daten- und Bildübertragung, ggf. mit Sprachgeschirr • Kleinfernseh- und Videoanlagen • Tragbare Computer
Beweglichkeit (Mobility)	• Koppeltragegestell • Sturmgepäck • Seesack	• Tragesystem • Kampfrucksack • Kampftragetasche	• Kampfmittelweste • Verbesserter Kampfrucksack • Bewegungs- und Transporthilfen • Kampfstiefel • Kraftverstärker • GPS, Kreisel • Digitale Karte mit Sprachsteuerung
Durchhaltefähigkeit (Sustainability)		• Epa 3600 kcal, 3 Typen • Notration 1000 kcal • Sonderverpflegung • Nährflüssigkeit ABC • Epa Tropen, Subtropen	• Epa 3600 kcal, 6 Typen • Epa 2200 kcal, 5 Typen (Tropen, Subtropen) • Überlebensration 400 kcal • Überlebensration 400 kcal • Iso-/Hypotonisches Elektrolythgetränk • Sensoren und Meßgeräte zur Messung der körperlichen Leistungsfähigkeit • Winterschlafsack • Batterien • Hygienemittel • Erste-Hilfe-Ausrüstung • Reservekleidung

1.6.3 Vorhaben   **Weitere Vorhaben der Bundeswehr und Vorhaben anderer Nationen bezüglich der Ausstattungskomponenten eines „System Soldat"**

Bundeswehr:

- Optimierung der Tarndrucke
- Verbesserung der Wintertarnbekleidung bezüglich der Kriterien Tarnwirksamkeit und Materialverwendung sowie Entwicklung von Wintertarnung für Waffen, Gesicht, Hände und Schuhwerk
- Verbesserung des ballistischen Körperschutzes unter Berücksichtigung der Kriterien Schutzwirkung, Gewicht, ergonomische Gestaltung
- Entwicklung nichtletaler Waffen

Deutsche Wehrtechnische Industrie:

Unter dem Synonym „Projekthaus System Soldat" haben sich 1996 einige Firmen der wehrtechnischen Ausrüstungsindustrie formiert, um Wissen und technologische Fähigkeiten zu bündeln, mit dem Ziel, die Ausstattungskomponenten der fünf System- bzw. Funktionsbereiche des „System Soldat" der Bundeswehr in enger Zusammenarbeit mit den Militärs verbündeter Nationen sowie ausländischer Partnerfirmen konsequent und innovativ weiterzuentwickeln, um der Bundeswehr eine leistungsfähige und optimierte Ausstattung anbieten zu können. Als Beispiel eines Teilprojektes der Firmenformation soll die Entwicklung eines neuen Gefechtshelmes, der die Einbindung des Soldaten in das digitalisierte Gefechtsfeld ermöglicht, dienen.

USA im Rahmen des US Army Land Warrior:

Das Land Warrior System hat fünf Subsysteme:

- Das integrierte Helm-Subsystem bietet ballistischen Schutz bei geringem Gewicht und beinhaltet einen Kleinstcomputer, eine Helmanzeige und eine Fülle von Sensoren. Über des nachtsichtfähige Helmdisplay erhält der Soldat beispielsweise digitale Landkarten, wichtige Gefechtsfeldinformation, Befehle, Standorte von Truppenteilen und Zieldarstellungen angezeigt. Dabei spielen die Sensoren eine wichtige Rolle. Integriert sind auch Mikrophon und Kopfhörer.
- Das Subsystem Schutzbekleidung und individuelle Ausrüstung besteht im wesentlichen aus einem neuen Tragesystem, das sich den natürlichen Körperbewegungen des Soldaten anpaßt.
- Das Waffen-Subsystem besteht aus dem Sturmgewehr M 16, auf das Zusatzgeräte installiert werden können, so z.B. ein thermisches Zielsystem, eine Videokamera, eine Nahkampfoptik, ein Infrarot-Zielstrahl, ein Laserentfernungsmesser und ein digitaler Kompaß.
- Das Computer-/Funk-Subsystem ist in die Rahmen des Tragesystems integriert und enthält das Funkgerät, das GPS, die Anzeigeelektronik des Helmsubsystems. Die Bedienung erfolgt über eine am Brustgurt des Tragesystems angebrachte Tastatur bzw. zwei Tasten in der Nähe der Abzugsvorrichtung des M 16. Freund-Feinderkennung, Sprachsteuerung und verbesserte Navigationsfähigkeiten sind in der Entwicklung. Das Software-Subsystem ist der Softwarearchitektur des digitalisierten Gefechtsfeldes der US Armee angeglichen.

Weitere Entwicklungen/Konzepte der US Army:

- Schutzkleidung für arktische Kälte, Extreme Cold Weather Clothing System II (ECWCS II) aus GORE-TEX®
- Modulares Trage- und Schutzsystem
- Modulares Schlafsacksystem
- Elektronisches Identifikationssystem für den abgesessenen Soldaten zur Freund-Feind-Erkennung (Combat Identification for the Dismounted Soldier, CIDDS)
- Integriertes Körperschutzsystem mit gesteigertem ballistischem Schutz, ABC-Schutz und Laserschutz, u.U. vollkommen außenluftunabhängig
- Bekleidung mit Klimatisierung, d.h. mit integrierter Kühlung bzw. Heizung
- Spracherkennungssysteme zur Waffensteuerung
- Softwareweiterentwicklung für die tragbaren PCs zur Unterstützung bei der Selbst- und Kameradenhilfe, bei der Reparatur von technischem Gerät, bei der Freund-Feind-Erkennung und bei der Sprachenübersetzung
- Exoskelette, die als Kraftverstärker zur Unterstützung der mechanischen Körperfunktionen dienen
- Nichtletale Waffen, Kampfmittel und Munition
- Neuer Gefechtsnebel, der von feindlichen Kräften nicht durchsichtig ist, für eigene Kräfte aber durchsehbar bleibt
- Sensorenentwicklung für die Entwicklung von Multisensor-Helmen, die mit Mikrowellen-, Infrarot- und Radardedektoren ausgestattet werden und die die Umgebung in der sich der Soldat befindet, auf sein Headup-Display projizieren und damit ermöglichen, auch Gefahren zu erkennen, die der Soldat nicht in der Lage ist zu sehen, wie z.B. versteckte Minen, elektronische Aufklärung, in Bunkern versteckte Soldaten, hinter Wänden versteckte Terroristen usw.
- Entwicklung leichter Mikrobatterien, deren Lebens- und Nutzungsdauer in Jahren ausgedrückt werden kann
- Mit Wasser zubereitbare Infusionen. Auch Bluttransfusionen sollen mit Hilfe gefriergetrockneter Blutzellen vor Ort zubereitbar werden. Es werden Medikamente entwickelt, die den Soldaten unterstützen sollen, extreme Kälte oder Hitze über lange Zeiträume auszuhalten. Auch die Medikamente selbst sollen hitze-, kälte- und feuchtigkeitsresistent werden. Medikamente sollen zudem „Synthetische Telepathie" möglich machen, die es den Soldaten erlaubt, sich zu unterhalten, ohne sprechen zu müssen
- Gleichzeitig wärmende und wasserabweisende Unterwäsche, die zudem mit Chemikalien behandelt ist, so daß sie über Tage und Wochen getragen werden kann, ohne daß sie gewechselt oder gewaschen werden muß
- Übertragung des Zwiebelschalenprinzip der Bekleidung auf den ballistischen Schutz
- Uniformen, die ihre Tarnung chamäleonartig an die Umgebung anpassen
- Umleitung von Licht und Infrarot-, und Radarwellen um den Soldaten, so daß er für alle Arten von Sehhilfen und Detektoren unsichtbar wird

Frankreich im Rahmen des Projektes FELIN (Raubkatze):

- Schutz gegen nichtletale Waffen (FR)
- Reduzierung der thermischen, der optischen, der akustischen und der Laser-

Signatur der Bekleidung, Bewaffnung und Ausrüstung
- Entwicklung von Sensoren zur Informationsgewinnung

Frankreich und Schweiz:
- Klimatisierte, gegenüber A- und C-Kampfmitteln undurchlässige Bekleidung mit minimaler IR-Signatur, mit integrierbarer schußsicheren Weste bzw. Splitterschutzweste und mit Sensoren, die Daten über den körperlichen Zustand des Soldaten, Munitionsverbrauch usw. liefern.
- Helm mit Videokamera und teildurchlässigem Flüssigkristall-Helmvisier, das es ermöglicht, ein reelles Bild mit einem Video- oder einem Falschfarbenbild zu unterlegen, um Tarnungen zu entdecken. Das Bild kann über Funk an eine Auswertestation übertragen werden.

Israel:
Laserwaffen und nichtlethale Waffen (Wirkung durch: Lärm, Lichtblitz, Licht, Elektromagnetische Wellen, Computerviren, Fahr- und Luftfahrzeugimmobilisierung, Drogen, Farbe, Chemikalien, Wasser, Netzen usw.)

Rußland:
- Oberflächentemperaturregulierung der Bekleidung zum Schutz für Aufklärung durch Wärmebildgeräte
- Sturmgewehre AK-74 und AN-94
- Ballistische Schutzausstattung inklusive neuem Helm Kolpak-2
- BC-Schutzmaske GP-7VM
- Laserentfernungsmesser, Nachtsichtgeräte, Infrarotgerät Kazan 1PN-83
- Elektronisches Radar- und Akustiksensorsystem 1K-119 zur Lokalisierung von Ketten- und Radfahrzeugen sowie Einzelschützen bis zu 300 Metern Entfernung

1.6.4 Schwachstellen

Schwachstellen, Lücken und zu berücksichtigende Faktoren

Bei aller Euphorie bezüglich der technologischen Möglichkeiten eines „System Soldat" dürfen die negativen Seiten nicht übersehen werden. Ein mit Material überladener Soldat wird unbeweglich, die Vernetzung mit Kommunikationsmitteln kann ihn unflexibel machen, die Abkopplung von der realen Umwelt kann ihn vollständig isolieren und die Abhängigkeit von technischen Mitteln kann ihn verwundbar machen. Im Vordergrund steht weiterhin der Soldat, der im Einsatz seinen Verstand, seine Sinne und seinen Körper einsetzt. Die Ausstattung muß technisch optimal sein, darf den Soldaten aber psychisch und physisch nicht überlasten.

Grundsätzlich ist zudem zu fordern, daß die natürliche Wahrnehmungsfähigkeit (Sehen, Hören, Riechen, Tasten und Temperaturempfinden) des Soldaten möglichst nicht beeinträchtigt wird.

Außerordentlich wichtig ist schließlich die Beachtung der nationalen und internationalen Interoperabilität (zu den anderen Teilstreitkräften und zu den Bündnispartnern). Zudem gilt es, die derzeitigen und zukünftigen taktischen, strategischen und operativen Einsatz- und Auftragsanforderungen bei der Ausgestaltung des „System Soldat", insbesondere des „System Soldat 2001" bzw. „System Infanterist der Zukunft" zu berücksichtigen.

Trotz der im „System Soldat" vollzogenen Verbesserung bzw. Modernisierung der Ausstattung des Soldaten sind Bekleidung, Bewaffnung und Ausrüstung ständig zu überprüfen und im Hinblick auf die System- bzw. Funktionskomponenten laufend weiterzuentwickeln. Wer sich auf den Lorbeeren des Erreichten ausruht, riskiert, daß er technologische Entwicklungen verschläft, die dann vielleicht in einem Land vollzogen werden, das ein zukünftiger Einsatzgegner sein kann. Erkannte Lücken und Schwachstellen müssen deshalb verschwinden.

System bzw. Fuktionsbereich	Lücken bzw. Schwachstellen
Kampfkraft bzw. Durchstzungsfähigkeit	• Bewaffnung: • Tempierbare Munition • Nichtletale Kampfmittel und Munition • Zu viele unterschiedliche Handwaffensysteme • Ziel-, Richt- und Aufklärungsmittel: • Ziel- und Richtmittel auf Laserbasis • Wärmebildgeräte • Aufklärung bei Nacht • Audio-Unterstützung
Überlebensfähigkeit	• Anpassungsfähige Tarnung • Laserwarngeräte • Indirektes Schießen bzw. Trennung von Waffe und Schütze • Zielerkennung Freund-Feind (ZEFF) • Ganzkörperschutz • Tarnung gegen Wärmebildaufklärung • Persönliche ABC-Schutzbekleidung • Erhöhung der Signaturen
Führungsfähigkeit	• Videokamera mit Echtzeitübertragung • Einbindung in ein digitales Führungs- und Informationssystem • Individual-Funk • Verschlüsselung • Kompatibilität von Funkgeräten
Beweglichkeit	• Gewichtszunahme • Miniaturisierung
Durchhaltefähigkeit	• Energieversorgung • Körperklima • Fäkalienentsorgung • Spezielle Einsatzverpflegung

Qualitative Ausstattungsunterschiede zwischen den Hauptverteidigungs- und den Krisenreaktionskräften sind mittel- und langfristig aus Verstärkungs-, Rotations-, Ablöse- und Interoperabilitätsgründen auszugleichen.

Schließlich werden die Schaffung einer adäquaten und effektiven logistischen Struktur sowie einer entsprechenden Ausbildungsstruktur für das „System Soldat", die zudem ständig optimiert werden müssen, zum absoluten „Muß". Egal wie ausgereift und optimiert unsere Ausstattung ist, Erfolg im Einsatz läßt sich allein dadurch nicht erreichen. Wir brauchen weiterhin bestausgebildete, einsatzerfahrene und körperlich absolut fitte Führer, gleiches gilt für die Ausführenden auf der Ebene des „System Soldat", denn der Preis für mangelnde Ausbildung wird weder in DM noch in Euro gezahlt, sondern nach wie vor mit Blut (wie es vor einigen Jahren der kommandierender General von TRADOC, General der US Army Hartzog mit ähnlichen Worten deutlich zum Ausdruck gebracht hat).

2.1 Alternative Beschaffungswege

Einleitung

Das in meinen bisherigen Ausführungen dargestellte positive Bild einer verbesserten, modernisierten und konzeptionell grundlegend geänderten Ausstattung des Soldaten wird erheblich geschmälert durch die bestehenden Beschaffungsschwierigkeiten. Die derzeitige Handhabung im Beschaffungswesen läßt sich sehr kurz aber verständlich umschreiben mit: „Schieben, Strecken, Streichen" (man spricht auch von den drei S der Beschaffung). Ursache dieser Situation sind unzureichende Geldmittel für die Beschaffung von Wehrmaterial.

2.2 Verteidigungsinhalt

Der Anteil des Verteidigungshaushaltes (Einzelplan 14) am Bundeshaushalt hat sich in den letzten drei Jahrzehnten stetig nach unten entwickelt. Waren es im Jahre 1965 noch über 27%, so beläuft sich der Anteil derzeit auf etwa 10%. Nach der Wiedervereinigung hat sich der Verteidigungshaushalt auch nominal stetig und vor allem drastisch verringert. Einem Plafond von 57, 54 Mrd DM im Jahre 1990 stehen 46,48 Mrd DM im Jahre 1998 gegenüber.

Da der größte Anteil des Verteidigungsetats für Personal (in 1998 sind das 51,35%) aufzubringen ist, bedeuten Mittelsperrungen und -kürzungen Eingriffe bei investiven Ausgaben und im Betrieb der Streitkräfte. Verteidigungsinvestive Ausgaben, insbesondere Forschung, Entwicklung und Erprobung sowie Beschaffung von Wehrmaterial sind dabei besonders betroffen. Derzeit umfassen die verteidigungsinvestiven Ausgaben 23,93% des Verteidigungshaushaltes. Damit liegt die Bundeswehr deutlich unter dem von der NATO von ihren Mitgliedstaaten geforderten Mindest-Investanteils von 30%. Investivanteile unter 30% werden von der NATO als für nicht ausreichend angesehen, um eine Armee auf einem modernen Ausrüstungsstand zu halten.

2.3 Alternative Beschaffung

Alternative Beschaffungsmaßnahmen

Verschiedene Beschaffungsvorhaben der Teilstreitkräfte konkurrieren miteinander. Großvorhaben wie die Beschaffung von Kampffahrzeugen, Schiffen, Hubschraubern (Tiger, NH 90) und Kampfflugzeugen (Eurofighter 2000) genießen Priorität. Will man aber die anderen Beschaffungsvorhaben, und hier denke ich insbesondere an das „System Soldat", ebenfalls in absehbarer Zeit realisieren, muß man sich ernsthafte Gedanken über Ergänzungen und Alternativen im Bereich der Beschaffung - der Beschaffung von Wehrmaterial und der Finanzmittelbeschaffung - machen. Der Bedarf an durchgreifenden Reformmaßnahmen im Beschaffungswesen der Bundeswehr scheint immer notwendiger.

Hier gilt es nun, Ideen für mögliche Ergänzungen, Änderungen und Verbesserungen zu sammeln und diese auf ihre Effektivität und auf ihre Realisierbarkeit hin zu untersuchen. Ich habe versucht, grundsätzliche Ansätze übersichtsartig festzuhalten. Dabei habe ich ganz bewußt solche Ansätze einbezogen, die zunächst undurchführbar scheinen. Eine Analyse von Vor- und Nachteilen der gezeigten Ansätze kann im Rahmen meiner Ausführungen jedoch nicht stattfinden. Zu einigen Ansätzen werden wir aber in den Folgereferaten weitergehende Detailinformation erhalten.

Grundsätzliche Ansätze sind:

Im Bereich der Materialbeschaffung

Generelle Maßnahmen:
- Preispolitik: Preisreduzierung (Erreichbar z.B. durch: Ansiedlung von Produktionsstätten in Billiglohnländern, schlankere Strukturen in der wehrtechnischen Industrie, verbesserte Rüstungsexportgenehmigungspraxis, keine Bevorzugung von Bewerbern bei Ausschreibungen wegen politischer oder anderer Gründe usw.)
- Mengenpolitik: Stückzahlreduzierung
- Terminpolitik: Zeitliche Verschiebung von Forschungs-, Entwicklungs- und Beschaffungsvorhaben
- Vorläufige oder komplette Streichung von Vorhaben
- Nutzungsdauerverlängerung
- Deutliche Reduzierung der Beschaffungszeiten
- Implementierung und Optimierung eines Beschaffungsmarketing
- Flexible Mengengleitklauseln in der Vertragsgestaltung, um hohe Bevorratungsmengen zu vermeiden, aber gleichzeitig eine schnelle Nachbeschaffung sicherzustellen
- Differenzierung zwischen billiger Arbeitskleidung von minderer Qualität für den Alltagsgebrauch und teurerer Bekleidung von hoher Qualität für den Einsatz
- Initiierung weiterer eigenständiger industrieller Forschung und Entwicklung ohne konkrete Auftragsvergabe
- Kostensplittung bei Forschung und Entwicklung zwischen Staat und Industrie
- Teilstreitkräfteübergreifende Zusammenarbeit bei Forschung und Entwicklung (Gibt es zu einem Ausrüstungsproblem nicht vielleicht schon eine technische Lösung bei der anderen Teilstreitkraft?, Hierbei geben uns die US-amerikanischen Streitkräfte ein gutes Beispiel) sowie Schaffung eines entsprechenden Datenpools

**2.3.1 Material-
beschaffung**

alternative Beschaffungs- formen

Alternative Beschaffungsformen:

- Naturaltausch (zwischen zwei Nationen oder ihren Streitkräften oder innerhalb der Teilstreitkräfte der eigenen Streitkräfte)
- Schenkung
- Leihe von Wehrmaterial von verbündeten Streitkräften
- Miete von Wehrmaterial von verbündeten Streitkräften
- Intensive Marktsichtung und häufigere Beschaffung von bereits verfügbaren handelsüblichen Artikeln und Technologien „von der Stange", von sog. „COTS" (Commercial of the Shelf")-Lösungen - ggf. unter Anpassungs- oder Ergänzungsentwicklungen -, z.B. Kauf von Textilien und Schnittmustern aus dem Freizeitbereich, Kauf von Technologien aus dem zivilen Kommunikations- und IT-Bereich, Überlebensverpflegung aus dem Expeditions- und Freizeitbereich usw.
- Gleiches gilt für komplette Artikel oder Komponenten von Ausstattungselementen befreundeter Streitkräfte z.B. des „Land Warrior Systems" der USA. (Die USA beispielsweise hat im letzten Jahr ihre jahrzehntelange „Buy American" Maxime in Teilbereichen der Wehrmaterialbeschaffung komplett aufgegeben)
- Kaufpreisreduzierende Lizenzproduktion
- Weitere und intensivere Bi- und multinationale Entwicklungs- und Produktions- aber auch Ausbildungs- und Logistikkooperationen bei wehrtechnischen Vorhaben (die französische Wehrmaterialentwicklungs- und beschaffungsorganisation DGA verspricht sich davon beispielsweise 30% Kosteneinsparung bei der Beschaffung ihrer neuen Hauptwaffensysteme in den kommenden 6 Jahren)
- Bildung von Materialpools in den Teilstreitkräften oder auch zwischen den Teilstreitkräften z.B. für Bekleidung für extreme Klimazonen
- Bedarfsdeckung durch erbeutetes oder beschlagnahmtes Material (ZDv 33/1, Nr. 539f.)
- Leasingnahme von Wehrmaterial (u.U. beschränkt für bestimmte Einsätze)

2.3.2 Finanzmittel- beschaffung

Im Bereich der Finanzmittelbeschaffung:

Generelle Maßnahmen

- Erhöhung des Anteils des Verteidigungsetats am Bundeshaushalt
- Umschichtungen im Verteidigungshaushalt durch:
- Einsparungen im Bereich militärischer Betrieb (z.B. durch Market Testing und Outsourcing ausgewählter Logistik-Funktionen, v.a. aber durch hinreichende Ausbildung und Praktizieren wirtschaftlichen Handelns und Führens, wie es in Ansätzen durch KLV praktiziert wird) und Übertragung der eingesparten Mittel in den investiven Anteil des Einzelplan 14
- Einsparungen im zivilen Personalbereich der Bundeswehr (andere Behörden und Dienststellen machen es vor: effektiveres Arbeiten läßt Personaleinsparungen bis zu 75% zu) und Übertragung der eingesparten Mittel in den investiven Anteil des Einzelplan 14
- Einsparungen im Personalbereich der Streitkräfte (z.B. Reduzierung von 13. Monatsgehalt und Urlaubsgeld dafür z.B. nichtentgeldliche Leistungen wie leih-

weise Nutzungsermöglichung von Pioniermaschinen zum Hausbau, Kfz zum Personentransport usw.) und Übertragung der eingesparten Mittel auf den investiven Anteil des Einzelplan 14

- Verlagerung weiterer Teile des Einzelplanes 14 in andere Einzelpläne (z.B. Infrastrukturmaßnahmen zum BM für Verkehr oder Bau, Forschung und Entwicklung zum Zukunftsministerium usw., wie es beispielsweise mit der Verlagerung der Altersversorgung der Berufssoldaten in den Haushalt des Bundesministeriums der Finanzen praktiziert wird)
- Tiefergreifende Aufhebung der Kapitel- und Titelbindung im Verteidigungshaushalt, d.h. Übertragbarkeit von Haushaltmitteln zwischen verschiedenen Kapiteln bzw. Titeln - unter Einhaltung bestimmter Auflagen
- Aufhebung des Annuitätsprinzips, d.h. Übertragbarkeit von nicht verwendeten Mitteln eines Haushaltsjahres in das nächste
- Volle Übertragung von Einnahmen (Disziplinarbußen, Rückzahlungen von den UN etc.) in den Verteidigungshaushalt, d.h. keine Abführung an den Bundeshaushalt

Alternative Beschaffungsformen:

- Erweiterte Verstärkung des Verteidigungshaushaltes durch unlimitierte Nutzbarkeit der Verkaufserlöse ausgesonderten Wehrmaterials, d.h. keine Abgabe von Teilen der Verkaufserlöse an das BM der Finanzen
- Sponsoring (z.B. Werbung unterschiedlicher Sponsoren auf den Sportanzügen verschiedener Truppenteile, Getränke für Sport und militärischen Ausbildungsbetrieb, Schokoriegel im Epa, Produktverteilung bei Hilfsgüterverteilung in Einsatzgebieten, Zurverfügungstellung einer bestimmten Anzahl von Handys, Computern mit Internetanschluß, Satellitentelefonen zur privaten Nutzung in Einsatzgebieten etc.)
- Teilkostenübernahme von Bekleidungsstücken durch den Soldat, die der Soldat auch privat nutzen kann (insbesondere qualitativ hochwertige Winterunterwäsche und Socken, Gebirgsstiefel), ansonsten Ausstattung mit einfacher und billiger Ausfertigung. Soldaten kaufen oft ziviles Material oder Material anderer Streitkräfte, sind also bereit, Geld für die Anschaffung hochwertigen Materials auszugeben.
- Verzicht auf Ausstattung mit weißer Unterwäsche, Taschentücher
- Freiwillige Teilkostenübernahme von Computerausstattung durch Computerbediener, der sich dadurch ein Nutzungsrecht zur privaten, auch häuslichen Nutzung erwirbt
- Bildung von Interessenverbände/Lobbyverbände (Mitglieder könnten z.B. sein: Soldaten, ehemalige Soldaten, Rüstungsfirmen etc., die durch Spenden bzw. Beiträge zusätzliche Finanzmittel beisteuern. Dies wird beispielsweise in ähnlicher Form in USA praktiziert. Interessenbindung bzw. Einflußnahme für die Mittelverwendung läßt sich durch entsprechendes Vertragswerk von vornherein ausschließen. Ansätze in Deutschland existieren z.B. im Förderkreis Deutsches Heer e.V.).
- Geldliche Ersatzzahlungspflicht für nichtdienende wehrpflichtige Staatsbürger (Wehrpflichtige erhalten dafür für die Wehrdienstdauer Steuervergünstigungen

oder erwerben sich ein Recht auf Bildungsunterstützung o.ä.)
- Bildung von Finanzierungspools bzw. -kooperationen z.B. in Form einer Europäi-schen Verteidigungsbank, die sich u.a. über auf dem Weltmarkt plazierte Anleihen finanziert (diese Idee ist nicht neu, bekommt aber unter dem Gesichts-punkt einer gemeinsamen europäischen Währung neue Attraktivität)
- Bildung von Profit-Centern - ähnlich denen des US-Militärs AAFES oder NEXS-, die Waren und Dienstleistungen an Soldaten anbieten, die im Unterschied dazu aber gewinnorientiert arbeiten sollen. Teile des Gewinns können dann für die Verstärkung des Haushaltes verwendet werden. Auch die KKBw könnte stärker gewinnorientiert arbeiten und Teile dieses Gewinns an das Verteidigungsbudget abgeben.
- Bezahlung von Hilfs- und Katastropheneinsätzen in der Bundesrepublik Deutsch-land durch die Bundesländer bzw. betroffene Gemeinden
- Bezahlung von militärischen Einsätzen durch das Land, das um militärische Hilfe gebeten hat
- Zurverfügungstellung von Etatanteilen zur Geldmittelvermehrung (Aktien- oder Devisenspekulation, festverzinslichen Wertpapieren usw.)
- Leasinggabe von Wehrmaterial (an z.B. Polizei, Katastrophenschutz, Feuerwehr usw., aber u.U. auch an Streitkräfte neutraler Staaten, z.B. Schweiz)

2.3.3 Schluß-bemerkungen

Finanzielle Ressourcen werden auch in den kommenden Jahren mehr als knapp bleiben. Deshalb wird es darauf ankommen, neue, ergänzende und alternative Quellen der Finanzmittelbeschaffung zu erschließen und die rechtlichen Voraus-setzungen für deren Nutzung zu schaffen, um letztendlich die technologische Einsatzbereitschaft der Bundeswehr bei höchstmöglicher Wirksamkeit und höchstmöglichem Schutz der Soldaten zu gewährleisten. Beides muß militärische und politische Verpflichtung sein. Die auseinanderklaffende Schere zwischen Ausstattungsbedarf und zur Verfügung stehenden Mitteln muß geschlossen wer-den. Reformfähigkeit und Reformwillen sind dabei die entscheidenden Engpaß-faktoren für neue Wege in der Entwicklung und Beschaffung von Wehrmaterial, insbesondere Bekleidung, Bewaffnung und Ausrüstung des Soldaten. Umgehende, vorurteilsfreie und in die Zukunft gerichtete Lagebeurteilung, strategisches Vordenken, mutige Entschlußfähigkeit und schnelle Umsetzung sind unabding-bare Voraussetzungen für eine effektive Reform im Beschaffungswesen. Ohne geänderte Rahmenbedingungen jedoch ist eine Reform nur bedingt möglich, der bloße Reformwille ist mitnichten ausreichend.

Dies beendet meinen Vortrag. Vielen Dank.

Hptm d.R. Martin Faust, Würzburg

Politische Entscheidungen und Perspektiven des Beschaffungswesens der Bundeswehr

MdB Klaus Dieter Reichardt

Vorbemerkungen

1. Das Beschaffungswesen der Bundeswehr muß im Kontext mit dem politischen Auftrag und der notwendigen materiellen Ausrüstung gesehen werden. Es ist von politischen Entscheidungen zu Beschaffungsvorhaben direkt, vom politischen Auftrag indirekt betroffen.

2. Die „Verteidigungspolitischen Richtlinien (VPR)" für den Geschäftsbereich des Bundesministers der Verteidigung (Nov. 1992) enthalten die Grundsätze für die Verteidigungspolititk der Bundesrepublik Deutschland. Die sicherheitspolitische Konzeptionen der Bundesregierung und der Rahmen für die Fortentwicklung der Bundeswehr sind in dem „Weißbuch der Bundesregierung zur Sicherheit der Bundesrepublik Deutschland und zur Lage und Zukunft der Bundeswehr" (1994) definiert.

veränderte Sicherheitslage

3. Vor dem Hintergrund der grundlegend veränderten Sicherheitslage bilden einerseits die Landes- und Bündnisverteidigungen sowie andererseits die Fähigkeit zur angemessenen und wirkungsvollen Teilnahme an einer internationalen Krisenbewältigung die beiden Hauptfunktionen der Bundeswehr. Die daraus abgeleiteten Aufgaben bestimmen die notwendigen Fähigkeiten und künftigen Strukturen der Streitkräfte. Beide begründen die erforderliche Ausstattung der Streitkräfte mit Material in qualitativer und quantitativer Hinsicht. Dabei muß die Materialplanung grundsätzlich den Bedarf für alle Aufgaben im veränderten Aufgabenspektrum der Bundeswehr abdecken.

4. Die wesentlichen konzeptionellen und planerischen Grundlagen für die Strukturen der Bundeswehr sind im „Ressortkonzept zur Anpassung der Streitkräftestrukturen, der Territorialen Wehrverwaltung und der Stationierung „ (1995) festgelegt. Das „Ressortkonzept zur Materialplanung der Bundeswehr" (1995) legt den Rahmen und die Vorgaben für die künftige Ausrüstung der Streitkräfte fest. Es beschreibt die Entwicklung der Fähigkeiten der Streitkräfte in ihren künftigen Strukturen durch Ausrüstungsvorhaben auf der Grundlage der mittelfristigen Finanzplanung des Bundes. Gemäß diesem Ressortkonzept hat z.B. die Ausrüstung der Krisenreaktionskräfte planerische Priorität vor der Modernisierung der Hauptverteidigungskräfte.

5. Die Bundeswehrplanung baut auf den politischen und planerischen Vorgaben der Bundesregierung und der Leitung des Bundesministeriums der Verteidigung zur Erfüllung des politischen Auftrags auf. Sie wird vom Generalinspekteur gegenüber dem Bundesminister der Verteidigung im Rahmen der politischen

Zielsetzung der Bundesregierung verantwortet. Beschaffungen und Beschaffungsabsichten finden ihren Niederschlag im Bundeswehrplan.

Ausrüstungsplanung auf der Grundlage aktueller politischer Entscheidungen

6. Hinsichtlich der Ausrüstungsplanung gab es im vergangenen Jahr eine herausragende politische Entscheidung und eine Reihe wichtiger Ereignisse. So hat das Parlament die Entscheidung für die Beschaffung des EUROFIGHTER 2000 getroffen und für die Beschaffungsvorhaben EF 2000 sowie Serienvorbereitung für den Unterstützungshubschrauber TIGER wurden die Regierungsvereinbarungen durch die beteiligten Nationen unterzeichnet. Damit sind zwei bedeutsame Rüstungsvorhaben mit einem Beschaffungsvolumen von rd. 35 Mrd. DM auf den Weg gebracht.

7. Die derzeitige Planung des BMVg orientiert sich bis zum Jahre 2001 an dem 31. Finanzplan. Entsprechend wird von einer Plafondhöhe ausgegangen, die von 47,6 Mrd. DM im Jahre 1999 auf 48,7 Mrd. DM im Jahre 2001 ansteigt. Um die politisch gesteckten Ziele zu erreichen und um ein „gesundes" Verhältnis von Investitionen zu Betriebskosten zu erhalten, muß nach 2001 der Plafond so ansteigen, daß etwa ab dem Jahr 2004 eine Linie von knapp 50 Mrd. DM erreicht wird.

Planung des BMVg

8. Als Beitrag zur Konsolidierung der Bundesfinanzen mußten mit dem Bundeswehrplan 1999 abermals erhebliche Substanzverluste in der Streitkräfteplanung aufgefangen werden. Somit waren Eingriffe in die Materialplanung unvermeidbar. Dabei standen vier Eckwerte der Planung nicht zur Disposition:
   • Umfang, Struktur und Stationierung der Streitkräfte sind beizubehalten
   • Eingriffe in Ausbildung, Übungen und Betrieb der Streitkräfte werden nicht vorgenommen
   • Die allgemeine Wehrpflicht steht nicht zur Debatte
   • Die Bundeswehr bleibt die Armee der Einheit: d.h. der Aufbau in den neuen Bundesländern wird konsequent vorangetrieben.

9. Wie schon in den Jahren zuvor blieb keine andere Möglichkeit, als die Kürzungen im wesentlichen durch Korrekturmaßnahmen im investiven Ausgabenbereich aufzufangen. Die erforderlichen Eingriffe wurden auf die beiden Ausgabenbereiche Forschung, Entwicklung und Erprobung einerseits sowie Militärische Beschaffungen andererseits verteilt. Der Bereich Militärische Anlagen (Infrastruktur) wurde geschont, um die ohnehin in diesem Bereich noch vorhandenen Provisorien nicht zu Lasten der Soldaten festzuschreiben und um das Aufbauwerk Ost fortführen zu können.

Fortführung Aufbau Ost

10. Insgesamt war es Absicht, nicht in Vorhaben einzugreifen, die zur Herstellung der Kernfähigkeit für Krisenreaktionskontingente zwingend notwendig sind. Von

daher wurde die Last durch Schieben und Strecken möglichst vieler Vorhaben so verteilt, daß
- die Ziele des Ressortskonzeptes zur Materialplanung erreicht werden können - wenn auch mit zeitlicher Verzögerung,
- die Kooperationsvorhaben - vor allem die mit dem Partner Frankreich - nicht gefährdet werden und
- auf kein Vorhaben verzichtet wird, um für die Zukunft alle Handlungsoptionen zu erhalten.

Vorgaben für die Beschaffung

11. Da sich die konzeptionelle Beurteilung der Lage gegenüber den letzten Jahren nicht geändert hat, ist ein Verzicht auf grundlegende Fähigkeiten nicht möglich. Die Lösung kann somit nur in einer Modifizierung der konzeptionellen Vorgaben des Ressortkonzepts zur Materialplanung liegen, ohne die Gültigkeit des Konzepts insgesamt anzutasten, d.h. es ist eine noch stärkere Differenzierung als bisher erforderlich. Damit gelten für die Planung folgende Vorgaben:
• Weitere Abstufung der Dringlichkeiten für die Beschaffung:
- abgestufte Realisierung von Kernfähigkeiten für begrenzte Krisenreaktions-kontingente
- Hauptverteidigungskräfte mit deutlich niedrigerer Priorität
- Verzicht auf Fähigkeiten, die für die militärische Aufgabenerfüllung bzw. Einsatzbereitschaft nicht zwingend erforderlich sind
• Vollständiges Ausschöpfen der Lebensdauer vorhandener Systeme.
• Realisierung redundanter Fähigkeiten nur dort, wo zwingend erforderlich.
• Keine Duplizierung von Fähigkeiten, die bei Bündnispartnern hinreichend vorhanden sind und auf die ein Rückgriff mit hoher Sicherheit möglich ist.

12. Im folgenden werden einige Vorhaben aufgeführt, die für die Aufgabenerfüllung der Bundeswehr in den Bereichen Führung, Aufklärung, Kampf / Kampfunter-stützung und Einsatzunterstützung wesentlich sind.

13. Wegen der herausgehobenen Bedeutung der Führung, insbesondere auch für die Beteiligung an Maßnahmen internationaler Krisenbewältigung, wurde dieses Aufgabengebiet von Eingriffen weitestgehend ausgenommen.
Eine erste Fähigkeit zur Führung der Gesamtstreitkräfte auch über weite Entfernungen wird mit dem teilstreitkraftübergreifenden Vorhaben Satelliten-Kommunikationssystem der Bundeswehr (SATCOM Bw) in den kommenden Jahren erreicht und in der Mitte des nächsten Jahrzehnts in Zusammenarbeit mit Verbündeten voll ausgebaut sein.

Bedeutung der Führungsfähigkeit

Die operative und taktische Führungsfähigkeit des Heeres wird durch das Füh-rungs- und Informationssystem (FüInfoSysH) und das Fernmeldesystem (FmSysH) kurz- bis mittelfristig deutlich verbessert. Die Brigadeebene verfügt dann über HEROS 2/1 und weitere moderne Führungsmittel, die Krisenreak-tionskräfte werden aber erst in der Mitte der kommenden Dekade voll ausgestat-tet sein.
Die notwendige Verbesserung der Führungsfähigkeit der Marine wird ab etwa 2001/02 mit der Einführung des integrierten Joint Maritime Command Infor-

mation System (JMCIS) auf zunächst 2 Fregatten F 123 als Führungsschiffen verbessert.

14. Die Forderung nach einer strategischen Aufklärungsfähigkeit der Streitkräfte besteht unverändert. Angesichts der Haushaltslage ist die Entscheidung zum deutschen Eintritt in die raumgestützte Aufklärung allerdings zurückgestellt worden. Sie wurde im BWPl 99 nicht eingeplant und im Haushalt nicht veranschlagt.

Die Vorhaben Alliance Ground Surveilance (AGS) und das Nachfolgesystem BREGUET ATLANTIC SIGINT sind nach 2010 vorgesehen.

Vorhaben der Teilstreitkräfte

Die Luftwaffe wird die Grundbefähigung zur penetrierenden taktischen Luftaufklärung für die Krisenreaktionskräfte und Hauptverteidigungskräfte mit Beschaffung des optischen Aufklärungsbehälters (Lw-RECCE POD) bis etwa 2000 erreichen.

Für die Marine soll das vierte Los ScaLynx ab dem nächsten Jahr zulaufen, die ausreichende Fähigkeit zur Seeraumüberwachung wird aber erst in der zweiten Hälfte der nächsten Dekade durch die Marinedrohne, das MPA 2000 (Maritime Patrol Aircraft) den MH 90 (Marinehubschrauber 90) gedeckt.

15. Im Aufgabenfeld Kampf / Kampfunterstützung sollen ab etwa 2002 ca. 50 Unterstützungshubschrauber TIGER für ein Heeresfliegerregiment beschafft werden. Nahezu parallel wird die Kurzstrecken-Lufttransportfähigkeit durch den Zulauf von ca. 60 NH 90 für Heer und Luftwaffe ausgebaut. Damit wird eine erste Krisenreaktionsfähigkeit für Luftmechanisierung und Luftbeweglichkeit mit den Komponenten Transport und Schutz erreicht. Anschließend wird die Luftbeweglichkeit (NH 90) mit Priorität gegenüber der Luftmechanisierung (TIGER) weiter ausgebaut.

Schutz und Überlebensfähigkeit der Soldaten bei Einsätzen im erweiterten Aufgabenspektrum sollen ab dem kommenden Jahr durch den Transportpanzer KRK erheblich verbessert werden.

Unverändert wird ab diesem Jahr die reaktionsschnelle und treffsichere Feuerunterstützung durch die Panzerhaubitze 2000 (PzH 2000) in Verbindung mit der zieloptimierten Suchzündermunition Artillerie (SMArt 155 mm) erheblich verbessert.

Beweglichkeit und Schutz auf dem Gefechtsfeld werden mit dem Gepanzerten TransportKfz (GTK) - zunächst auf die Krisenreaktionskräfte beschränkt - ab der Mitte des nächsten Jahrzehnts durchgreifend verbessert.

Kampfwertsteigerung und Nutzungsdauerverlängerung

Die Durchsetzungsfähigkeit schwerer Kräfte auf dem Gefechtsfeld wird durch die Kampfwertsteigerungen LEOPARD 2 auf einem hinreichenden Niveau gehalten, die KRK werden durch die bereits laufende KWS II den Anforderungen im erweiterten Aufgabenspektrum angepaßt.

Mit Finanzierungsbeginn in der zweiten Hälfte der kommenden Dekade sollen dann die Neuen Gepanzerten Plattformen (NGP) die gepanzerten Waffensysteme des Heeres auf eine technologisch innovative Basis stellen.

Die Flugabwehrfähigkeit wird durch leFlaSys (Leichtes Flugabwehr-System, ab 1999) und Nutzungsdauerverlängerung des Flugabwehrpanzer GEPARD für die Krisenreaktions- und Hauptverteidigungskräfte, auf einen angemessenen Stand gebracht. Die Nutzungsdauerverlängerung ROLAND bei Heer und Luftwaffe ist ebenfalls eingeplant.

EUROFIGHTER

Im Bereich der luftgestützten Luftverteidigung wird die Fähigkeit zur Bekämpfung von Luftzielen - mit der Beschaffung des EUROFIGHTER synchronisiert - durch die Einführung des Luft/Luft-Lenkflugkörpers kurzer Reichweite (IRIS-T) in der ersten Hälfte des nächsten Jahrzehnts und danach mit dem Luft/Luft-Lenkflugkörper mittlerer Reichweite (FMRAAM) dem Bedrohungsspektrum angepaßt und verbessert.

Mit der Kampfwertanpassung PATRIOT wird im Bereich der bodengebundenen Luftverteidigung ein Einstieg in eine leistungsfähige Flugkörperabwehr ab etwa 2002 geschaffen. Die Einführung des taktischen Luftverteidungssystems (TLVS/MEADS) zur deutlichen Steigerung der Flugkörperabwehrfähigkeit ist in der zweiten Hälfte der nächsten Dekade vorgesehen.

Abstands- und Präzisionsfähigkeit werden mit der Beschaffung der lasergesteuerten Präzisionswaffen ab dem kommenden Jahr und einige Jahre später mit der Modularen Abstandswaffe TAURUS gesteigert.

Seekrieg

Die Marine baut die Fähigkeit zur Überwasserseekriegsführung auf hoher See und der Flugabwehr mit drei Fregatten F 124 ab etwa 2002 aus.

Den erweiterten Anforderungen hinsichtlich der Durchhalte- und Verlegefähigkeit zum Überwasserseekrieg in Küstennähe wird durch die Korvette (Zulauf l. Los planmäßig ab der Mitte des nächsten Jahrzehnts) Rechnung getragen.

Die Fähigkeit zur Unterwasserseekriegsführung wird durch den Zulauf des MH 90 und des U 212 schrittweise ausgebaut. Die luftgestützte U-Jagdkomponente wird gegen Ende des nächsten Jahrzehnts durch Einführung des in Kooperation geplanten MPA 2000 (Maritime Patrol Aircraft) entscheidend modernisiert.

16. Im Bereich der Einsatzunterstützung verbessern die eingeleitete Beschaffung und der Umbau von 4 AIRBUS Luftfahrzeugen zu kombinierten Passagier-/Fracht-/Tankerversionen bis etwa 2002 die Kapazität und Flexibilität im Langstreckenlufttransport und verschaffen der Bundeswehr zugleich eine am operationellen Minimum orientierte eigene Luftbetankungsfähigkeit.

Auf der Mittelstrecke wird der Bedarf noch hinreichend durch die TRANSALL C 160 gedeckt. Deren Selbstschutzfähigkeiten und Navigationsgenauigkeit werden kurzfristig den veränderten Einsatzbedingungen angepaßt.

Future Transport Aircraft (FTA)

Ein signifikanter Abbau von Defiziten in Reichweite, Zuladung und Ladevolumen gelingt aber erst mit einem FUTURE TRANSPORT AIRCRAFT (FTA), für welches ab der Mitte der nächsten Dekade eine erste Finanzvorsorge eingeplant ist. Hier bedarf es aber noch weiterer Untersuchungen.

Mit der z.T. bereits erfolgten, in der Masse ab diesem Jahr laufenden Beschaffung von zwei verlegbaren Lazaretten des ZsanDBw und 15 modular aufgebauten, containergestützten Hauptverbandsplatz-Äquivalenten aller Teilstreitkräfte wird die sanitätsdienstliche Versorgung bei einem Einsatz außerhalb Deutschlands im Ergebnis dem medizinischen Standard in Deutschland entsprechen. Auch wenn die Einführung der Hauptverbandsplätze und Feldlazarette gestreckt werden mußte, bleibt der Zulauf an den schrittweisen Aufbau der Krisenreaktionsfähigkeit angepaßt.

Für die mobile Unterbringung der Krisenreaktionskräfte aller Teilstreitkräfte in einem modularen, container- und zeltgestützten Feldlager wird in einigen Jahren eine Kernfähigkeit zur Unterbringung von ca. 4200 Soldaten erreicht.

In der logistischen Unterstützung kann bei Heer und Luftwaffe mit dem Umschlagsystem MULTI den erhöhten Anforderungen an Mobilität und Umschlagsleistung Rechnung getragen werden. **Umschlagsystem MULTI**

Die Durchhaltefähigkeit der zwei Einsatzgruppen der Marine kann nicht mehr im ursprünglich vorgesehenen Tempo gesteigert werden. Nunmehr wird ein erster Einsatzgruppenversorger (EGV) wahrscheinlich 2000, ein zweiter EGV aber nicht vor 2004 zulaufen.

17. Die zur Umsetzung der o.a. Vorhaben notwendigen Plankosten sind im Datenwerk zum Bundeswehrplan 1999 ausgewiesen. Für die wesentlichen Bereiche der Beschaffung stellen sich im Zeitraum 1999 bis 2003 gemäß Datenwerk die relativen Anteile, bezogen auf die gesamten Plankosten für militärische Beschaffungen, wie folgt dar:

Flugzeuge	39 %
Kampffahrzeuge	8 %
Schiffe	14 %
Munition	9 %
Fernmeldewesen	10 %

Internationale Rüstungskooperation und Erhalt wehrtechnischer Kernfähigkeiten

18. Für Verteidigungszwecke stehen heute deutlich weniger Finanzmittel zur Verfügung - insbesondere in realer Kaufkraft gemessen - als in früheren Jahren, so daß auch im Beschaffungswesen immer stärker wirtschaftliche Gesichtspunkte Geltung erlangen und internationale Rüstungskooperation gesucht wird. Die Verringerung der Finanzmittel für den Verteidigungsbereich ist dabei nicht allein auf die generelle Enge der Haushaltsbudgets zurückzuführen, sondern auch auf die fundamentale Veränderung der sicherheitspolitischen Lage; wegen der abgeflachten globalen Bedrohung erwartet der Steuerzahler die Ausschüttung einer Friedensdividende. **Friedensdividende**

19. Deutschland bleibt auf eine moderne, wettbewerbsfähige und leistungsfähige wehrtechnische Industrie als Teil der Sicherheitsvorsorge angewiesen. Eine nationale Rüstungsbasis ist sicherheitspolitisch begründet und ein wesentliches Element der Bündnisfähigkeit Deutschlands. Sie verhindert ungewünschte Abhängigkeiten auf dem Rüstungssektor und ist eine zwingende Voraussetzung zur Rüstungskooperation in Europa und im Bündnis.

20. Die Bundesregierung will in Deutschland vor allem solche wehrtechnischen Kernfähigkeiten erhalten, die für die Ausrüstung einer modernen, aufgabenge- **wehrtechnische Kernfähigkeiten**

rechten Bundeswehr nötig sind, bei denen die deutsche Industrie wettbewerbsfähig ist und ein besonders hohes technologisches Innovationspotential vorliegt.
Dazu gehören unter anderem Erhalt und Fortentwicklung
- der Spitzenpositionen bei gepanzerten Fahrzeugen sowie Rohrwaffen und
  Munition,
- der eingeschränkten Systemfähigkeiten bei Kampfflugzeugen, Transportflug-
  zeugen, Hubschraubern und Flugkörpern sowie Systemfähigkeit bei Drohnen,
- der führenden Position im Marineschiffbau / in der Marinetechnik,
- der querschnittlichen Fähigkeiten in der Informationstechnik und Elektronik
  mit den Schwerpunkten Führungsinformationssysteme, Führungs- und
  Waffeneinsatzsysteme sowie Kommunikations- und Aufklärungssysteme.

21. Europa wächst auf allen Feldern politisch zusammen. Deutschland ist daher mit
seinem vitalen Interesse am Aufbau einer wettbewerbsfähigen und zukunftsori-
entierten europäischen Technologie- und Rüstungsbasis nicht allein. Mit den
wichtigsten europäischen Partnern ist sich Deutschland darin einig, daß die
Notwendigkeit besteht, den verminderten und zugleich veränderten Bedarf der
Streitkräfte in Europa gemeinsam oder zumindest in enger Abstimmung miteinander zu definieren und zu realisieren. Der so bestimmte Bedarf ist dann zukünftig durch eine europäische Rüstungsbasis zu decken, die durch Konsolidierung,
Zusammenfassung und Integration auf der Angebotsseite wirtschaftliche und
global wettbewerbsfähige Leistungen auf dem Gebiet der Wehrtechnik erlaubt.

Der Weg zu einer Europäischen Rüstungsagentur

22. In der NATO und in der WEU liegt die Rüstungsbeschaffung in nationaler
souveräner Verantwortung. Sie richtet sich daher nach nationalem Recht und
nationalen Verfahren. Soweit es sich nicht um die Beschaffung ziviler oder als
Dual-Use-Güter zu beschaffende Ausrüstungen handelt, ist wegen Art. 223
EWG-Vertrag für den Rüstungsgütermarkt in Europa auch das europäische
Gemeinschaftsrecht nicht verbindlich. Es wird von den Nationen auch weitestgehend nicht angewandt. Europäische Rüstungskooperation ist erforderlich, um von
bisher für den Einzelfall zwischen den beteiligten Nationen vereinbarten Verfahren zu gemeinsamer europäischer Entwicklung und Beschaffung zu kommen.
Dies setzt politisches Umdenken und den Willen zum Verzicht auf nationale

**Europäische
Rüstungsagentur**

Egoismen voraus. Das Fehlen dieser Voraussetzung ist ein entscheidender Grund,
weshalb eine umfassende Europäische Rüstungsagentur bisher nicht eingerichtet
werden konnte. Es fehlen die gemeinsamen Beschaffungsregeln, um eine
gemeinsame Behörde unter für alle Partner gleichen und gerechten Bedingungen
übergreifend wirken zu lassen.

**Notwendigkeit
internationaler
Exportregelungen**

23. Die Einführung gemeinsamer Beschaffungsregeln ist aber nur eine der notwendigen Bedingungen. Eine weitere, unverzichtbare Voraussetzung ist, daß die

beteiligten Nationen über eine Harmonisierung der nationalen Exportregelungen zu einer gemeinsamen europäischen Exportregelung gelangen. Ohne diese wäre eine Chancengleichheit der Nationen auf dem Rüstungsmarkt nicht gewahrt.

24. Es gilt also zunächst, die Rahmenbedingungen zu schaffen. Angesichts der in den vergangenen Jahren deutlich gewordenen Notwendigkeit der Restrukturierung und Konsolidierung der europäischen Rüstungsindustrie zur Schaffung bzw. zum Erhalt einer notwendigen europäischen industriellen Rüstungsbasis in Europa bestehen hierzu vielfältige Initiativen.

25. So widmet die Westeuropäische Rüstungsgruppe, bekannt als WEAG (Western Europaen Armaments Group), unter derzeit deutscher Präsidentschaft zentrales Augenmerk auf die Schaffung dieser Rahmenbedingungen und damit auch gemeinsamer Beschaffungsregeln. Sie knüpft dabei an schon früher begonnene Anstrengungen an, die bereits 1990 zu einem Policy Document on the European Defence Equipment Market geführt hatten, nach dem sich die heutigen WEAG-Staaten zu mehr Transparenz ihrer Beschaffungen verpflichteten, unter anderem durch die Herausgabe von Bulletins, in denen nationale Beschaffungsvorhaben anzukündigen sind, um über „focal points" auch ausländischen Firmen die Möglichkeit zur Abgabe von Angeboten zu ermöglichen, wenn auch ohne Zuschlagsverpflichtung nach festen Wettbewerbsregeln.

26. Mit dem Vertrag von Maastricht und der für die Europäische Union postulierten Gemeinsamen Außen- und Sicherheitspolitik hat auch die Rüstungspolitik einen neuen europäischen Aspekt erhalten, der mit dem Vertrag von Amsterdam aus dem Jahr 1997 noch weiterentwickelt wurde. Mit dieser Perspektive wurde zunächst eine informelle gemeinsame Expertengruppe aus der WEAG und der EU eingesetzt, Optionen zur Verbesserung der europäischen Rüstungszusammenarbeit zu entwickeln. Die Ergebnisse dieser Arbeitsgruppe führten in der EU zur Einsetzung einer Ad Hoc Arbeitsgruppe „Europäische Rüstungspolitik", die derzeit untersucht, welche spezifischen Merkmale des Rüstungssektors in einem gemeinsamen Rüstungsmarkt der EU zu berücksichtigen sind und derzeit der uneingeschränkten Anwendung europäischen Rechts entgegenstehen. Weitere Schwerpunktthemen sind der innergemeinschaftliche Transfer von Rüstungsgütern, um Kooperationen zu erleichtern, und die Frage, wie das Beschaffungswesen im Rüstungsbereich dem europäischen Beschaffungsrecht weiter geöffnet werden kann.

Vertrag von Maastricht

27. Ein gemeinsames Beschaffungswesen wird nur schrittweise und im Konsens aller Nationen der EU weiter entwickelt werden können. Gegenwärtig müssen sich für gemeinsame Beschaffungen die am konkreten Kooperationsvorhaben beteiligten Nationen auf vorhabenbezogene Regeln einigen. Häufig werden diese als Regeln für eine spezifische gemeinsame Programmorganisation vereinbart.

28. Es gibt aber auch erste Schritte zu projektübergreifenden Regelungen. Das hervorragende Beispiel hierfür sind die Baden-Badener Regeln für die deutsch-fran-

**WEAO
und
OCCAR**

zösisch-italienisch-britische Gemeinschaftsorganisation OCCAR (Organisme Conjoint de Coopération en Matière d'Armement).

Im Bereich der WEAG ermöglichten gemeinsame Regelungen die Errichtung der Westeuropäischen Rüstungsorganisation (WEAO), deren „Forschungszelle" gemeinsame Forschungs- und Technologievorhaben durchführt.

Jetzt gilt es, die WEAO im Verbund mit der OCCAR in eine Europäische Rüstungsagentur zu überführen. Eine derartige Agentur mit eigener Rechtspersönlichkeit und mit gemeinsamen Verfahren ist eine wichtige Voraussetzung für die Konstituierung eines gemeinsamen Rüstungsmarktes.

29. Der politische Wille, auch im Rüstungsmarkt die Europäische Integration voranzutreiben, ist gegeben und setzt Perspektiven für die Zukunft. Dennoch ist gerade auf diesem Gebiet die Überwindung - häufig durchaus berechtigter - nationaler Interessen zur Erreichung des Konsenses schwierig.

30. Bei der Integration Europas wird der Rüstungsmarkt letztlich auch einbezogen werden müssen. Gleichzeitig wird die transatlantische Rüstungszusammenarbeit hervorragendes Element der deutschen Rüstungspolitik bleiben und später einer europäischen Rüstungspolitik sein müssen. Hier wird jedoch die Kooperation im Vordergrund stehen, da eine transatlantische Integration im Sinne der europäischen Integration nicht gegeben ist.

**Beschaffungswesen und Auftragsvergabe nach europäischem Recht
(EG-Richtlinien und GATT-Kodex)**

31. Die Integration Europas und die Verwirklichung des europäischen Binnenmarktes können sich nur auf der Basis gemeinsamer Rechtsgrundlagen vollziehen. Dies bedeutet auch für den Bereich der öffentlichen Auftragsvergabe gemeinsame Vorschriften und Richtlinien.

GATT-Kodex

32. Für die öffentliche Auftragsvergabe gelten neben den nationalen Vergabevorschriften die Liefer- und Dienstleistungskoordinierungsrichtlinien (LKR, DLR) und GATT-Kodex „Regierungskäufe" (GKR), die als „a-§§" in die VOL/A eingearbeitet sind und durch Vergabeverordnung vom 22. Februar 1994 in den Rang materiellen Rechts erhoben wurden.

33. Öffentliche Liefer- und Dienstleistungsaufträge müssen ab einem festgelegten Schwellenwert EG-weit im Supplement zum Amtsblatt der EG bekanntgemacht werden:
   • LKR, DLR : 200.000 ECU ohne MWSt (z.Zt. 384.253 DM)
   • GKR   : 133.914 ECU ohne MWSt (z.Zt. 257.285 DM)

34. Keine Anwendung finden LKR und GKR insbesondere auf:
    • Waren gem. Art. 223 EWG-Vertrag (Kriegswaffenliste)
    • Geheimschutz unterliegenden Leistungen
    • Leistungen, für die andere Verfahren gelten, z.B. aufgrund internationaler
      Abkommen.

35. Bei EG-Vergaben werden - wie bei der nationalen Vergabe - drei Vergabearten **EG-Vergaben**
    unterschieden:
    • Das offene Verfahren mit der Aufforderung zur Angebotsabgabe entspricht im
    nationalen Bereich der Öffentlichen Ausschreibung. Die Leistungen werden nach
    öffentlicher Aufforderung einer unbeschränkten Zahl von Firmen zur
    Einreichung von Angeboten vergeben. Es handelt sich um die wettbewerbsinten-
    sivste Vergabeart.
    • Das nicht offene Verfahren mit der Aufforderung, Teilnahmeanträge zu stellen,
    entspricht der Beschränkten Ausschreibung mit vorangehendem öffentlichen
    Teilnahmewettbewerb (vgl. § 3a Nr. 1 Abs. 1 VOL/A).
    Dabei werden unter Anwendung eines förmlichen Verfahrens ausgewählte
    Firmen zur Einreichung von Angeboten aufgefordert (§ 3a Nr. 1 Abs. 2 VOL/A).
    • Das Verhandlungsverfahren in der Regel mit vorheriger öffentlicher
    Vergabebekanntmachung, bei dem ausgewählte Firmen zur Angebotsabgabe auf-
    gefordert werden (§ 3a Nr. 1 Abs. 2 u. 3 VOL/A).
    Das Verhandlungsverfahren entspricht der Freihändigen Vergabe. Allerdings ist
    der Anwendungsbereich viel enger als bei Freihändigen Vergaben.

36. Durch die in die sog. Nachprüfungsverordnung national umgesetzte EG-Rechts- **Nachprüfungs-**
    mittelrichtlinie findet eine Überprüfung und Kontrolle der Vergabeentscheidung **verordnung**
    im EG-Bereich statt.
    Glaubt ein Auftragnehmer in seinen Rechten durch die Vergabeentscheidung ver-
    letzt zu sein, erfolgt eine Überprüfung durch eine gerichtsähnliche 1. Instanz, die
    sog. Vergabeprüfstellen. Die Vergabeprüfstellen sind verpflichtet, das
    Vergabeverfahren in sachlicher und rechtlicher Hinsicht zu überprüfen, wenn
    sich Anhaltspunkte für einen Verstoß ergeben. Sofern noch kein Zuschlag erfolg-
    te, können sie das Vergabeverfahren aussetzen. Bei bereits vollzogener
    Auftragserteilung wird die Rechtswidrigkeit oder die Rechtmäßigkeit des
    Vergabeverfahrens festgestellt.
    Zuständige Vergabeprüfstelle ist die Behörde, die die Rechtsaufsicht über die
    Vergabestelle ausübt.
    In 2. Instanz prüft der Vergabeüberwachungsausschuß als „revisionsähnliche"
    Instanz auf Antrag (der Bieter) die Rechtmäßigkeit der Entscheidung der
    Vergabeprüfstelle.
    Der Vergabeüberwachungsausschuß des Bundes ist beim Bundeskartellamt in
    Berlin eingerichtet worden.

Schlußbemerkungen

Sicherheit und Stabilität in Europa werden militärisch durch Reduzierung der Streitkräfteumfänge, strukturellen Anpassung an neue Aufgaben, zunehmende multinationale Verflechtungen und reduzierte finanzielle Ressourcen geprägt.

In Deutschland dauert der Abbau wehrtechnischer industrieller Überkapazitäten zu konsolidierten Kernfähigkeiten an, die für die Bedarfsdeckung der Bundeswehr unverzichtbar sind. Da die europäischen Verbündeten vor ähnlichen Problemen stehen, besteht im Grundsatz Konsens mit den europäischen Partnern, den Bedarf der Streitkräfte möglichst gemeinsam zu definieren und im Rahmen einer europäischen Rüstungsbasis mit gebündelten Kapazitäten wirtschaftlich zu decken. Doppel- und Mehrfachentwicklungen können so vermieden werden.

Privatisierung der europäischen Rüstungsbasis

Nur eine privatwirtschaftlich organisierte Struktur der europäischen Rüstungsbasis wird betriebswirtschaftlich effizient sowie weltweit, insbesondere gegenüber den USA, wettbewerbsfähig sein und ohne staatliche Subventionen auskommen können. Dies setzt die Privatisierung staatlicher Rüstungsbetriebe in Europa voraus.

Die strategischen Allianzen der europäischen Rüstungsindustrien müssen sich im Rahmen eines noch zu schaffenden europäischen Unternehmensstatuts vollziehen, das u.a. den Know-how-Transfer ebenso regelt wie Fehlentwicklungen aufgrund unterschiedlicher Arbeits- und Sozialkostenstrukturen in den Partnerländern verhindert.

Gleiche Bedingungen für den Rüstungsexport müssen Chancengleichheit im europäischen und globalen Wettbewerb garantieren.

deutsche Führeung im europäischen Rahmen

Die Konsolidierung der wehrtechnischen Industrie in Deutschland muß sich so vollziehen, daß in Segmenten mit hohem technischen Potential und entsprechender Kompetenz für Gesamt- und Teilsysteme auch im europäischen Rahmen die deutsche Führung erhalten bleibt.

Diese Entwicklung des europäischen Rüstungsmarktes, die noch vielfältiger Anstrengungen der beteiligten Staaten und der jeweiligen Rüstungsindustrien bedarf und deren Ende noch nicht absehbar ist, wird dem Beschaffungswesen der Bundeswehr den bisherigen nationalen Charakter immer mehr nehmen. Am Ende dieses Prozesses wird ein europäisches Beschaffungssystem stehen.

MdB Klaus Dieter Reichadt, Bonn

Das Beschaffungswesen der Bundeswehr

Dir BWB Wulff Sellmer
Bundesamt für Wehrtechnik und
Beschaffung (BWB)

I. Einführung

Die Kürze der Zeit läßt naturgemäß nur eine zusammengefaßte Darstellung der Vergabepraxis des Bundesamtes für Wehrtechnik und Beschaffung (BWB) zu.

Um Ihnen den Einstieg in die Problematik und die von mir abzuhandelnde Thematik zu erleichtern, habe ich meinen Vortrag wie folgt in mehrere Abschnitte gegliedert.

Zunächst werde ich Ihnen mein Amt vorstellen und seine Aufgabenstellung erläutern, um auf dieser Grundlage die Zuständigkeit des BWB für die Beschaffung darzustellen. Anschließend werde ich auf die nationalen Beschaffungsregelungen eingehen, um in einem dritten Schritt die Änderungen abzuhandeln, die sich durch die EU-Vergaberichtlinien ergeben haben. Eine kurze Analyse wird den Abschluß meiner Ausführungen bilden.

II. BWB als Beschaffungsbehörde

1. Grundsatz

In der Bundesrepublik Deutschland gibt es keine spezielle Industrie zur Entwicklung und Herstellung von Verteidigungsgütern und auch keine Rüstungsindustrie in Staatsbesitz.

Das Grundgesetz (Artikel 87 b) überträgt der zivilen Bundeswehrverwaltung die Aufgabe, den Bedarf der Streitkräfte an Material und Dienstleistungen zu decken. Heer, Luftwaffe und Marine kaufen also nicht selbst und getrennt ein. Vielmehr beschaffen die zivilen Beschäftigten der Bundeswehr grundsätzlich zentral den zusammengefaßten Bedarf der drei Teilstreitkräfte.

Zur Erfüllung dieses Auftrages ist die Bundeswehrverwaltung in das wirtschafts- und ordnungspolitische System der Bundesrepublik Deutschland fest eingebunden. Das heißt, die Bundeswehr tritt nicht etwa als privilegierter Nachfrager am Markt auf, sondern erteilt Aufträge an Industrie, Mittelstand, Handel und Handwerk nach festgelegten Regeln, an die sie sich halten muß.

2. Beschaffung

Der umfangreiche Bedarf der Streitkräfte und der zivilen Verwaltungen an Gütern und Dienstleistungen wird in Arbeitsteilung von zentralen und dezentralen Beschaffungsbehörden gedeckt.

Bei der Bundeswehr sind mehr als 1,8 Millionen Versorgungsartikel eingeführt. Zum Vergleich - große Versandhäuser bieten etwa 50 000 Artikel an.

Wir unterscheiden in   • zentrale Beschaffung
                           • dezentrale Beschaffung

a) Zentrale Beschaffung

Zentrale Beschaffung heißt, daß jeweils nur eine beschaffende Stelle den gesamten Bedarf der Bundeswehr an einer Ware oder sonstigen Leistung deckt.

Dies schafft Raum für breiten Wettbewerb. Die hohen Stückzahlen des zusammengefaßten Bedarfs senken die Einzelpreise.

Zentral vergeben werden Studien-, Forschungs- und Entwicklungsaufträge und der Erst- und Folgebedarf an Verteidigungs- und Versorgungsgütern (Kraftfahrzeuge, Luftwaffen- und Marineausrüstung, Fernmeldegerät, Waffen, Munition, Flugkörper, Betriebsstoffe, Verpflegung, Bekleidung etc.) einschließlich Instandsetzungsleistungen für die Teilstreitkräfte Heer, Luftwaffe und Marine.

Die Aufträge bei der zentralen Beschaffung vergibt das BWB.

b) Dezentrale Beschaffung

Dezentrale Beschaffung bedeutet, daß mehrere beschaffende Stellen den Bedarf eines regionalen Teilbereiches der Bundeswehr an einer Ware oder sonstigen Leistung decken.

Der dezentrale Beschaffung unterliegen Lieferungen und Leistungen, für die eine zentrale Beschaffung von der Natur der Sache her nicht zweckmäßig ist und die sich aus wirtschaftlichen Grünen nicht dafür eignen. Es handelt sich dabei um die Beschaffung handelsüblicher Versorgungsgüter des täglichen Bedarfs der Truppe oder standortbedingt für die Bundeswehrverwaltung.

Hierunter fallen zum Beispiel:
• Beschaffung von Verbrauchsmaterial für die Unterhaltung von Unterkünften und Liegenschaften (wie Kleineisenwaren, Farben, Lacke, Spezialöle, Düngemittel);
• Beschaffung von Ersatzteilen für handelsübliches Gerät (wie Reifen, Starterbatterien);
• Vergabe von Instandsetzungsleistungen (wie Fahrzeuginstandsetzung von in der Bundeswehr eingesetzten ungepanzerten Radfahrzeugen);
• Beschaffung von Geschäftsbedarf (wie Kalender, Schreib- und Kopierpapier, Ordner, Hefter, etc.);
• Vergabe von Bewachungs-, Reinigungs- und Entsorgungsleistungen;
• Beschaffung von Verpflegungsmitteln für den täglichen Bedarf der Truppe (wie Frischfleisch, Eier, Obst und Gemüse).

Die dezentrale Beschaffung wird von den Wehrbereichsverwaltungen (I - VII) und den territorialen Ortsbehörden (Standortverwaltungen) durchgeführt.

Das BWB wird geleitet vom Präsidenten und zwei Vizepräsidenten.

Drei querschnittlich orientierte Abteilungen bearbeiten zentrale Aufgaben der Verwaltung, technische und wirtschaftliche Angelegenheiten einschließlich Fragen der Gütesicherung und Güteprüfung.

3. Organisation des BWB

Sieben nach technischen Gesichtspunkten gegliederte Geräteabteilungen sind zuständig für
- Management bei Waffensystemen und komplexen Vorhaben,
- Systemtechnik und Integration,
- Forschung und Technologie,
- technische Betreuung während der Nutzung sowie für
- Verträge.

Zum Geschäftsbereich des BWB gehören fachlich orientierte Wehrtechnische und Wehrwissenschaftliche Dienststellen, die zuständig sind für

- Technische Erprobungen,
- Fachtechnik für Komponenten von Waffensystemen und Gerät sowie Studien und bestimmte Forschungs- und Technologie-Aufgaben.

Das Marinearsenal führt Instandsetzungen für die Marine durch.

Bevor ein Waffensystem oder ein Gerät erstmals beschafft werden kann, durchläuft es das Verfahren „Entwicklung und Beschaffung von Wehrmaterial" (EBMat). Das Verfahren dient dazu, die Vorstellungen der Bundeswehr unter Berücksichtigung materieller, personeller, logistischer und infrastruktureller Gesichtspunkte wirtschaftlich zu verwirklichen.

Der EBMat ist in logisch aufeinanderfolgende Phasen gegliedert. Am Ende einer jeden Phase steht ein Phasendokument zur Erfolgskontrolle und als Entscheidungsgrundlage für den Eintritt in die nächste Phase. Bei der Erarbeitung des Dokuments wird unter anderem geprüft, ob ein vertretbares Verhältnis zwischen Kosten und geforderter Leistung besteht.

In den verschiedenen Phasen des EBMat werden Verträge mit der Wirtschaft abgeschlossen, zum Beispiel
- Studien-, Forschungs- und Entwicklungsverträge im Phasenvorlauf, der Definitions- und Entwicklungsphase,
- Kaufverträge in der Beschaffungsphase und
- Instandsetzungsverträge in der Nutzungsphase.

Entwicklung und Beschaffung von Wehrmaterial (EBMat)

Phasen und Stufenentscheidungen

Phasenvorlauf

• Taktisches Konzept (TaK)

Dokument:
Taktisch-Technische Forderung (TTF)

Definitionsphase

• endgültige Spezifikationen
• Auswahl des gesamtverantwortlichen
  Auftragnehmers für die Entwicklungsphase

Dokument:
Militärisch-Technisch-Wirtschaftliche Forderung (MTWF)

Entwicklungsphase

• Genehmigung der Konstruktion

• Freigabe zur Fertigung des Versuchs- und Erprobungsmusters

• Freigabe zum Bau bei Schiffen ggf. Auftrag und Vorserie

• Erklärung der Funktionsbereitschaft und Betriebssicherheit

• Musterzulassung

• Erklärung der technischen Einführungsreife

• Erklärung zur Versorgungsreife

• Erklärung der Truppenverwendbarkeit

• Konstruktionsstandsfestlegung

Beschaffungsphase

Dokument:
Einführungsgenehmigung (EFG)

Nutzung

Dokument:
Abschlußbericht (ASB)

III. Vergabeverfahren

Bei der Vergabe von Aufträgen wendet die Bundeswehr je nach Art der gewünschten Leistung verschiedene nationale und internationale Vergabeverfahren an.
Dabei werden hohe Anforderungen an die Fachkunde, die Leistungsfähigkeit und
die Zuverlässigkeit der Bewerber gestellt.

Bei den Verfahren, die die Bundeswehr anwenden muß, handelt es sich um

- das nationale Verfahren nach der Verdingungsordnung für Leistungen, Teil A
  (VOL/A), ausgenommen Bauleistungen. Dieses Verfahren gilt für alle öffent-
  lichen Auftraggeber und nicht nur für die Bundeswehr.
  Teil B betrifft die Ausführung der Leistung.

- das EG/GATT-Verfahren nach der Lieferkoordinierungsrichtlinie (LKR) der
  EG. Diese Richtlinie ist in die VOL/A eingearbeitet und findet sich dort in den
  sogenannten „a"-Paragraphen.

- das EG-Verfahren nach der Dienstleistungsrichtlinie (DLR) der EG.

- das WEAG-Verfahren, das in Deutschland nur für die Bundeswehr gilt.
  Es handelt sich um ein reines Informationsverfahren über Vergabemöglichkeiten.

IV. Nationales Vergabeverfahren

**1. Grundlage für die Vergabe der Aufträge ist in erster Linie die der Verdingungs-
ordnung für Leistungen, Teil A (VOL/A), ausgenommen Bauleistungen (VOL/A).**

Die VOL/A vollzieht als Verwaltungsrichtlinie zur Ausgestaltung der Bundeshaushaltsordnung (BHO) den Grundsatz der Wirtschaftlichkeit und Sparsamkeit.
Sie bestimmt daher, daß Leistungen in der Regel im Wettbewerb zu vergeben
sind. Dabei dürfen nur auftragsbezogene Gesichtspunkte berücksichtigt werden
(z.B. technische, funktionsbedingte, gestalterische, ästhetische Gesichtspunkte;
Kundendienst; Folgekosten, insbesondere im Personalbereich). Zur Wahrung der
Chancengleichheit im Wettbewerb sind inländische und ausländische Firmen
gleich zu behandeln.

2. Öffentliche Ausschreibung

Die öffentliche Ausschreibung genießt vom System her als die wettbewerbsinten-
sivste Vergabeart Vorrang, da alle Bewerber Angebote abgeben können, die sich
gewerbsmäßig mit der Ausführung von Leistungen der ausgeschriebenen Art
befassen.
Bei dieser Ausschreibung werden Leistungen vergeben nach öffentlicher
Aufforderung einer unbeschränkten Zahl von Unternehmen zur Einreichung von
Angeboten. Firmen müssen selbst die entsprechenden Veröffentlichungen (z.B.

im Bundesausschreibungsblatt), in geeigneten Fällen in der örtlichen Tagespresse oder der Fachpresse verfolgen und sich direkt bei der ausschreibenden Stelle bewerben.

3. Beschränkte Ausschreibung

Lassen hohe Qualitätsanforderungen oder sonstige in der VOL/A festgelegten Gründe eine öffentliche Ausschreibung nicht zu, erfolgen beschränkte Ausschreibungen. Dabei werden unter Anwendung eines förmlichen Verfahrens ausgesuchte Firmen zur Einreichung von Angeboten aufgefordert.

4. Freihändige Vergabe

Ist für Leistungen aus besonderen Gründen (z.B. besondere Erfahrungen, Zuverlässigkeit, bestimmte Ausführungsarten) die Durchführung des förmlichen Verfahrens der beschränkten Ausschreibung nicht möglich, erfolgt freihändige Vergabe. Soweit machbar, werden dabei mehrere Firmen im Wettbewerb zur Angebotsabgabe aufgefordert. Erst dann, wenn nur ein Unternehmen für die Ausführung in Betracht kommt, erfolgt eine freihändige Vergabe ohne Wettbewerb.

5. Öffentlicher Teilnahmewettbewerb

Der beschränkten Ausschreibung und der freihändigen Vergabe soll, soweit zweckmäßig, eine öffentliche Aufforderung vorangehen, sich um Teilnahme zu bewerben (öffentlicher Teilnahmewettbewerb).

Bei beschränkten Ausschreibungen und freihändigen Vergaben wird aufgrund einer Vereinbarung zwischen dem Bundesminister für Wirtschaft und den Bundesländern bei zentralen Beschaffungen ab einer bestimmten Wertgrenze das Bundesamt für Wirtschaft in Eschborn (diese Aufgabe wurde bis vor einigen Monaten noch von der Verbindungsstelle des BMWi wahrgenommen) eingeschaltet, wenn die festgelegten Voraussetzungen vorliegen. Dieses benennt in Abstimmung mit den Auftragsberatungsstellen der Bundesländer qualifizierte Firmen.

V. Internationales Vergabeverfahren

1. Entwicklung

Der Abschluß des EWG-Gründungsvertrages vom 25. März 1957 und seine kontinuierliche Umsetzung durch die Europäische Kommission führten dazu, daß Beschaffungen des öffentlichen Auftraggebers nun nicht mehr nur im nationalen Bereich bzw. ausschließlich nach nationalem Recht durchzuführen sind.
Ziel der Europäischen Kommission war in voller Konsequenz des EWG-Vertrages der Abbau aller in der EG noch bestehenden Hemmnisse für grenzüberschreitende Vergaben von Liefer-, Bau- und Dienstleistungsaufträgen durch staatliche und kommunale Auftraggeber sowie die in den Sektoren (Energie, Wasser, Verkehr und Telekomunikation) mit erfaßten privaten Auftraggebern.

Da der EWG-Vertrag über allgemeine Grundsätze wie z.B. Diskriminierungs-
verbot oder dem Verbot mengenmäßiger Beschränkungen bei der Einfuhr und
Ausfuhr sowie der Garantie der Niederlassungsfreiheit und des freien Dienstleis-
tungsverkehrs keine Regelungen enthielt, war eine Gesetzesinitiative erforderlich, um Information, Transparenz und Wettbewerb auf Gemeinschaftsebene im
öffentlichen Auftragswesen anzustreben. Somit wurde die Richtlinie des Rates
der EG über die Koordinierung der Verfahren zur Vergabe öffentlicher
Lieferaufträge vom 21. Dezember 1976 (LKR) verabschiedet sowie ein Überein-
kommen über das öffentliche Beschaffungswesen der EG vom 12. April 1979,
der sogenannte GATT-Kodex „Regierungskäufe" (GKR) verabschiedet.
Hinzu kamen im Laufe der Zeit die Baukoordinierungsrichtlinie (BKR) sowie die
Richtlinie über Dienstleistungsaufträge vom 18. Juni 1992 - DLR, Liefer-, Bau-,
Dienstleistungsauftragsrichtlinie in den Bereichen der Wasser-, Energie- und
Verkehrsversorgung sowie im Telekommunikationssektor (Sektorenrichtlinie - SR)
sowie die Richtlinien zur Durchsetzung der gemeinschaftlichen Vergabevorschriften, die allgemeine Überwachungsrichtlinie (ÜR) sowie die Sektorenüber-
wachungsrichtlinie (ÜRS).

Einschlägig für den öffentlichen Auftraggeber Bundeswehr sind im wesentlichen
die Lieferkoordinierungsrichtlinie mit dem GATT-Kodex (GKR) sowie die
Dienstleistungsrichtlinie (DLR) und die Überwachungsrichtlinie (ÜR).

2. Anwendungsbereich

a) Rechtlicher Geltungsbereich
Die Richtlinien gelten nicht unmittelbar, sie müssen durch die Mitgliedstaaten in
nationales Recht umgesetzt werden. Dies ist in der Bundesrepublik Deutschland
geschehen.

b) Sachlicher Geltungsbereich
Das Material, das die Bundeswehr nach dem GATT-Kodex „Regierungskäufe"
(also GKR) vergeben muß, ist in einer Liste aufgeführt. Diese Liste heißt
„Positivliste", weil positiv und enumerativ die einzelnen Güter benannt sind, die
nach GKR vergeben werden müssen. Hierbei handelt es sich um folgende Waren
und Güter:

Mineralöl, Kohle, chemische Produkte, Metalle, Elektrogeräte, optische Geräte
und Kraftfahrzeuge.

Dieses Material muß im Amtsblatt der EG ausgeschrieben werden, wenn der vor-
aussichtliche Auftragswert mindestens 133.914,- ECU =ca.260.000,- DM erreicht.

Ab einem zu erwartenden Auftragswert ab 200.000 ECU
(=ca.384.000,- DM) ist die Positivliste nicht mehr von Bedeutung. D.h., alle
Waren sind nach GKR/LKR auszuschreiben).

Beispielhafte Dienstleistungen nach der DLR sind Instandhaltung und Reparatur von Kraftfahrzeugen, Gebäudereinigung und Bewachungsleistungen.

Ausgenommen von den DLR- und LKR-Verfahren sind Waffen nach der sogenannten Kriegswaffenliste zu Art. 223 EWG-Vertrag und dazugehörige Dienstleistungen (z.B. Handfeuerwaffen, Kanonen, Munition, gepanzerte Fahrzeuge, Militärflugzeuge, Kriegsschiffe und entsprechende Instandsetzungen).

Darüber hinaus sind auch solche Aufträge ausgenommen, die
- der Geheimhaltung
- besonderen Sicherheitsmaßnahmen bzw. Sicherheitsinteressen
- internationalen Abkommen
- besonderen Verfahren internationaler Organisationen unterliegen.

3. Vergabearten
Es werden drei Vergabearten unterschieden:

a) Offenes Verfahren
Das offene Verfahren mit der Aufforderung zur Angebotsabgabe („Öffentliche Ausschreibung"); die Ausschreibungsunterlagen sind direkt bei der ausschreibenden Stelle anzufordern.

b) Nicht offenes Verfahren
Das nicht offene Verfahren mit der Aufforderung, Teilnahmeanträge zu stellen („Beschränke Ausschreibung mit vorangehendem öffentlichen Teilnahmewettbewerb").

c) Verhandlungsverfahren
Das Verhandlungsverfahren in der Regel mit vorheriger öffentlicher Vergabebekanntmachung, bei dem ausgewählte Firmen zur Angebotsabgabe aufgefordert werden.

VI. Internationales WEAG-Verfahren

WEAG steht für „Western European Armaments Group", einem Zusammenschluß der europäischen NATO-Staaten einschließlich Frankreich unter der Schirmherrschaft der WEU. Die in der IEPG, d.h. Independent European Programme Group, zusammengefaßten europäischen Staaten des NATO-Bündnisses haben 1988 einen Aktionsplan zur schrittweisen Verwirklichung eines europäischen Rüstungsmarktes verabschiedet (Europäischer Markt für Verteidigungsgüter - EMVG).

Es wurden fünf Hauptziele für den EMVG gesetzt:
- Europaweiter Wettbewerb
- Juste Retour
- Technologietransfer
- Kooperation bei F + T
- Sonderbehandlung der Development-Defense-Industry Länder (DDI-Länder)

Zur Erreichung dieser Ziele wurde ein umfangreicher Maßnahmenkatalog aufgestellt, aus dessen Umsetzung insbesondere das WEAG-(bis 1993: IEPG) Verfahren sowie das Wehrforschungsprogramm EUCLID hervorgegangen sind.

Der o.g. Aktionsplan bildete die Grundlage für eine Reihe zum 1. Januar 1991 wirksam gewordener Maßnahmen, mit denen eine fortschreitende gegenseitige Marktöffnung der IEPG-Staaten bei „hartem Wehrmaterial" (alle Erzeugnisse der Kriegswaffenliste zu Artikel 223 EWG-Vertrag) erreicht werden soll.

Neben der Schaffung der notwendigen formalen Voraussetzungen für die Marktöffnung (Veröffentlichung von Auftragsvergaben in nationalen Bulletins, Einrichtung nationaler Focal Points - für das BWB ist dies das Referat AW I 5) ist hier insbesondere auf die aufgestellten Regeln für eine grenzüberschreitende wettbewerbliche Vergabe von Haupt- und Unteraufträgen
- bei nationalen Rüstungsprojekten
- über Entwicklung, Beschaffung oder Materialerhaltung
- im Wert von mindestens 1 Mio ECU hinzuweisen.

Nicht den WEAG-Regeln unterliegen allerdings
- Auftragsvergaben im Rahmen von Gemeinschaftsprogrammen von WEAG-Staaten
- Erzeugnisse, die durch die LKR erfaßt werden
- Schiffskörper von Kriegsschiffen
- giftige und radioaktive Stoffe
- Verschlüsselungsgeräte

Weitere Ausnahmen sind im Einzelfall zulässig, z.B. in Notfällen, aus Gründen der nationalen Sicherheit sowie aus sonstigen zwingenden nationalen Erfordernissen. Diese Ausnahmetatbestände sind jedoch in jedem Einzelfall ausführlich zu begründen.

Das WEAG-Verfahren ist kein neues Vergabe-, sondern im Kern ein Informationsverfahren zur Herstellung internationaler Markttransparenz. Im Rahmen dieses Marktes für Verteidigungsgüter geben die WEAG-Staaten periodisch sogenannte Bulletins - Informationsblätter über Beschaffungen - heraus. Diese enthalten in 6 Abschnitten Angaben über

- Vergabeabsichten
- erfolgte Angebotsaufforderungen

- Vergabe von Aufträgen, für die es nur eine Bezugsquelle gibt
- Auftragsvergabe nach Einholung von Konkurrenzangeboten
- Nachträge
- Ankündigung von Möglichkeiten zur Bewerbung als Unterauftragnehmer

Wie oben ausgeführt, wird das WEAG-Verfahren angewendet im Bereich der sogenannten harten Verteidigungsgüter, d.h. im Bereich der Gegenstände, die in der sogenannten Kriegswaffenliste zu Artikel 223 des EWG-Vertrages aufgeführt sind.

VII. Schlußbemerkung

Ziel des WEAG-Verfahrens ist die Schaffung eines gemeinsamen europäischen Marktes für Verteidigungsgüter. Dieses Vorhaben kann nur in Zusammenhang mit der Schaffung eines europäischen Binnenmarktes gesehen werden.

Vor diesem Hintergrund komme ich zu folgenden Schlußbetrachtungen:

1. Abgrenzung Europäischer Binnenmarkt - EMVG

- Die Liberalisierung des öffentlichen Auftragswesens ist eines der Ziele des Europäischen Binnenmarktes. Die entsprechenden Richtlinien sind inzwischen vollständig in nationales Recht umgesetzt.

- Nach wie vor klammert Art. 223 EWG-Vertrag hartes Wehrmaterial vom Binnenmarkt aus und schafft so den rechtlichen Ausgangspunkt für den Sondermarkt EMVG. Das zunehmend verwendete Kriegsmaterial mit „Dual-Use"-Charakter fällt nicht unter den Vorbehalt des Art. 223 EWG-Vertrag.

2. Kritische Bewertung des EMVG und seiner bisherigen Realisierung durch das WEAG-Verfahren

Der EMVG hat bis heute keine nennenswerten Änderungen bei den Auftragserteilungen der WEAG-Staaten über hartes Wehrmaterial erbracht. Die allgemeinen Ausklammerungen aus dem EMVG (z.B. internationale Gemeinschaftsvorhaben) sowie die extensive Berufung auf Ausnahmetatbestände aus nationalen Gründen - die Anwendung des WEAG-Verfahrens geriet bei einigen WEAG-Staaten zur Ausnahme - verhinderten einen durchschlagenden Erfolg. Es fehlt außerdem bis heute an einer rechtlich verbindlichen Abmachung zur EMVG.

3. Der Einfluß des Europa-Union-Vertrages (EUV) auf den EMVG

- Der EUV hat dem EMVG neuen Schub verliehen, indem er eine gemeinsame Verteidigungspolitik und eine verstärkte Rüstungskooperation mit dem Ziel der Schaffung einer Europäischen Rüstungsagentur (EAA) in Aussicht stellt.

- Die IEPG wurde 1993 in die WEU als deren Rüstungskomponente integriert und in WEAG umbenannt.

- Zwischenzeitlich wurde in 1997 eine entsprechende Agentur unter Beteiligung Frankreichs, Englands, Italiens und der Bundesrepublik Deutschland gegründet. Ob hieraus in den nächsten Monaten eine Agentur mit umfassenden Zuständigkeiten und Befugnissen „Europäisches BWB" wird, bleibt abzuwarten.

4. Die Zukunft des EMVG

- Obwohl die überzeugendsten Argumente für eine europäische Rüstung sprechen, scheint nichts schwieriger zu sein, als die traditionellen nationalen Vorbehalte auf dem Gebiet der Rüstung zu überwinden.

- Fernziele müssen trotz aller gegenwärtigen Schwierigkeiten eine gemeinsame europäische Verteidigung und Rüstung bleiben. Rüstungsaufträge sollten dann nur noch im europaweiten Wettbewerb vergeben werden. Dies bedeutete konsequenterweise - im europäischen Rahmen - das Abgehen von den heute übchen Formen internationaler Gemeinschaftsvorhaben (Pilotlösungen, Programmbüros, NATO-Agenturen). Deren workshare-Vereinbarungen schließen die Industrien der an den Gemeinschaftsvorhaben nicht beteiligten Staaten regelmäßig aus, was die Vorhaben verteuert.

- Voraussetzung ist, daß die WEAG-Staaten verbindlich auf Teile ihrer Beschaffungssouveränität verzichten und diese auf eine europäische Institution übertraübertragen, während Art. 223 EWG-Vertrag ersatzlos wegfällt.
  Eine Prognose hierüber abzugeben, wage ich nicht.

Ich bedanke mich für Ihr Interesse.

Dir BWB Wulff Sellmer, Koblenz

Grundlegende rechtliche Rahmenbedingungen und Gestaltungsmöglichkeiten des BW-Beschaffungswesens

RA-/FA für
Steuerrecht Karl-Heinz Gimmler
Höhr-Grenzhausen

1. Einführung

Im nachfolgenden sollen zum einen Informationen über die rechtlichen Grundlagen der Bundeswehrrüstung und damit auch der Rüstungsbeschaffung gegeben werden. Zum anderen soll damit auch - wie üblich bei verfassungsrechtlicher Problematik - eine Argumentationshilfe für die politische Ebene geliefert werden.

Unter rechtlichen Rahmenbedingungen werden hierbei lediglich sog. Rechts*norm*-Determinanten verstanden d.h. also die rechtlichen Regelungen, die Normcharakter haben, also gem. Art.2 EGBGB (Einführungsgesetz im Bürgerlichen Gesetzbuch), das Grundgesetz, das materielle einfache Gesetzesrecht, Rechtsverordnungen. Nicht jedoch zählen hierzu Verwaltungsrichtlinien, Dienstvorschriften usw., die unterhalb der Ebene der Rechtsverordnung durch die Exekutive selbst gesetzt sind.

2. Verfassungs- und Völkerrecht

2.1 Grundgesetz

Betrachten wir nun zunächst die hier relevanten - *rüstungsspezifischen* - GG-Normen:

Art. 87 a GG

„1. Der Bund stellt Streitkräfte zur Verteidigung auf. Ihre zahlenmäßige Stärke und die Grundzüge ihrer Organisation müssen sich aus dem Haushaltsplan ergeben."

Nach der Rechtsprechung des BVerfG enthält Art.87 a GG sowohl eine *Instituts*- als auch eine *Effizienz*garantie für die Bundeswehr als die instrumentale Ausgestaltung des verfassungsrechtlichen Grundentscheids zur militärischen Landesverteidigung, vgl. hierzu Seifert, GG-Kommentar, Art.87 a, Rdnr.3, BVerfG E48, 127 ff, 153 f.

Jedoch: Diese verfassungsrechtliche Vorgabe besagt in ihrer Allgemeinheit lediglich, daß die Streitkräfte *insgesamt* so ausgerüstet sein müssen, daß sie ihrem Verteidigungsauftrag auch entsprechen können. Dies bedeutet: Entscheidend ist, daß die an sich erfreulich klare Effizienz-Aussage selbstverständlich unter der Einschränkung steht, daß der Politik ein weiter Beurteilungs- und Ermessensspielraum zukommt: Lediglich bei Ermessensfehlern oder fehlerhafter Ausübung des Beurteilungsspielraumes wäre insoweit eine Entscheidung verfassungsrechtlich angreifbar: Es erstaunt nicht, daß es, soweit ersichtlich, noch nicht einmal zu einem verfassungsrechtlichen Verfahren, geschweige denn zu einer kassierenden Entscheidung gekommen ist.

Es sollte jedoch trotzdem nicht verkannt werden, daß insoweit eine verfassungs-rechtlich „letzte Barriere" aufgerichtet ist vor evidenter Fehl- oder fehlerhafter Ausstattung der Truppe.

Der weitere Regelungsinhalt des Art. 87 a Abs. 1 Satz 2 GG, die Haushaltsplan-anbindung, ist im wesentlichen formeller Art und bedarf hier keiner näheren Erläuterung.

„Handlungen, die geeignet sind und in der Absicht vorgenommen werden, das fried-liche Zusammenleben der Völker zu stören, insbesondere die Führung eines An-griffskrieges vorzubereiten, sind verfassungswidrig. Sie sind unter Strafe zu stellen."   **Art. 26 GG**

Das Angriffskriegsverbot hat in der Vergangenheit durchaus häufig, wenn auch praktisch immer fehlerhaft und verfassungsrechtlich unrichtig, zu Argumenta-tionsfiguren im politischen Raum geführt:

So wurde seinerzeit von seiten der DKP bzw. der DDR gegen mehrere Waffen-systeme, insbesondere auch den Kampfpanzer Leopard II, deren verfassungs-rechtliche Unzulässigkeit („Verfassungswidrigkeit") behauptet mit dem Argu-ment, es handele sich hierbei um ein *Offensiv*waffensystem, da z.B. die Reich-weite des Leopard II mit 500 km nur für weit ins gegnerische Gebiet weisende Operationen erklärbar sei. Eine ganz ähnliche Argumentation wurde u. a. in dem Verfahren gegen die NATO-Nachrüstung sowie gegen die C-Waffenlagerung in Deutschland gebracht: Da die Lagerung von C-Waffen durch alliierte Streitkräfte in Deutschland sowie die NATO-Nachrüstung sowohl durch die Bundeswehr als auch durch die amerikanischen Streitkräfte in Deutschland (Pershing II, cruise missiles) nur denkbar sei im Rahmen einer Drohung mit einem Angriffskrieg, seien diese eben wegen Art.26 GG unzulässig. Auch hier hat das BVerfG deutli-che Worte gottlob gefunden: Im Hinblick auf das der Exekutive für Rüstungsent-scheidungen zustehende weite Ermessen und die diesbezügliche nachvollziehbare Argumentation der Bundesregierung, es handele sich um reine Defensivpotentia-le bzw. -waffen zur Abschreckung, konnte kein Verbot gegen das Angriffs-kriegsverbot festgestellt werden. Wesentlich ist hierbei auch noch die Feststellung, daß es auch bei militärischen *Grundsatz*entscheidungen zur *Ausrüstung* der Streitkräfte keine zwingende legislative Mitwirkung aus verfas-sungsrechtlichen Gründen gibt, von einer evtl. Haushaltsplan-Mitwirkung natür-lich abgesehen, vgl. BVerfG NJW 88, 1651 ff ; Hesselberger, GG-Kommentar, Art.26 Rdnr. 4.

Kommen wir nunmehr zum *allgemeinen Verfassungsrecht*, soweit es für die anstehenden Fragen relevant ist: **2.2 Allgemeines Verfassungsrecht**

„Jeder hat das Recht auf Leben und körperliche Unversehrtheit."   **Art.2 Abs.2 S.1 GG**

Bei dieser Grundrechtsnorm handelt es sich um eine der *zentralen Normen* des Grundgesetzes mit breiter Ausstrahlungswirkung in die gesamte Rechtsordnung, insbesondere natürlich das öffentliche Recht. Bisher praktisch nicht in Rechtsprechung und Literatur behandelt wird die Ausstrahlung dieser Grundgesetznorm auf den Bereich der militärischen Rüstung der Bundeswehr. Die von General Dr. Gerber eingangs des Symposiums gestellte Frage der politischen und der militärischen Führung vor insbesondere dem Bosnien-Einsatz „Sind wir hinreichend ausgerüstet ?" hat eben auch eine *verfassungsrechtliche* Dimension, die es aufzuzeigen gilt.

Nach der Rechtsprechung des BVerfG hat der Staat aus Art.2 Abs.2 S.1 GG unmittelbar herzuleitende *objektive* Schutzpflichten, den einzelnen vor rechtswidrigen Eingriffen Dritter zu schützen, vgl. z. B. BVerfG NJW 80, 759 ff, 761, ständige Rechtsprechung.

Diese seinerzeit bei Verfassungsbeschwerdeverfahren gegen Atomkraftwerke entwickelte Rechtsprechung statuiert diese objektive Schutzpflicht des Staates zusätzlich zu dem daneben (natürlich) noch bestehenden subjektiven Schutzanspruch des einzelnen. Hierbei ist eine wesentliche Aussage ausdrücklich hervorzuheben, nämlich die spezifische Interpretation des Gefahrenbegriffs: Je größer die möglichen Schadens-/Opferauswirkungen eines bestimmten Risikos sind, desto geringer sind die Anforderungen an die Wahrscheinlichkeit des Schadenseintritts zu stellen:

Interpretation des Gefahrenbegriffs

Zitat BV erfG NJW 80, 759 ff, 761

. . ."*daß angesichts der Art und Schwere möglicher Gefahren bei der friedlichen Nutzung der Kernenergie bereits eine entfernte Wahrscheinlichkeit ihres Eintritts genügen müsse, um die Schutzpflicht des Gesetzgebers konkret auszulösen.*" (Zitat BVerfG NJW 80, 759 ff, 761)

Die Übertragung dieser Grundsätze für einen Unfall in einem Kernkraftwerk auf einen Verteidigungskrieg bzw. einen Bundeswehreinsatz im Rahmen einer friedenserhaltenden oder friedensschaffenden Mission, wie z.B. z. Zt. in Bosnien, liegt nicht nur nahe, sondern dürfte durchaus zwingend sein:

Daß eine kriegerische Auseinandersetzung bei dem heutigen Stand der Waffentechnik vergleichbare, wenn nicht höhere Schäden und Opfer verursachen kann als ein GAU in einem Kernkraftwerk, ist unbestreitbar, vgl. nur die grundlegenden Werke hierzu, z.B. von Karl Friedrich von Weizäcker, Kriegsfolgen und Kriegsverhütung 1971. Dieser Gesichtspunkt wird bisher - mit falschen Schlußfolgerungen - in der juristischen Literatur im wesentlichen von Gegnern militärischer Landesverteidigung im Ganzen bzw. bestimmter Rüstungsmaßnahmen aufgenommen, so z.B. von Lutz/Rittberger, Abrüstungspolitik und Grundgesetz, 1976, und Däubler in Stationierung und Grundgesetz, 1982, S. 143 ff.

Die von diesen Autoren gezogene Schlußfolgerung der völligen oder partiellen Unzulässigkeit militärischer Landesverteidigungsmaßnahmen ist durch das BVerfG durch ständige Rechtsprechung abgelehnt worden, der Denkansatz hat jedoch - zutreffend angewandt - tatsächlich weitreichende rechtliche Determinierungswirkung für Rüstungsentscheidungen und hebt diese damit, soweit die rechtliche Determinierung reicht, aus dem „rechtsfreien", nur dem politisch freien Ermessen unterliegenden Entscheidungsbereich heraus.

Im einzelnen:

Der Staat setzt gem. § 7 Soldatengesetz (Pflicht zum tapferen Verteidigen) die Soldaten der Bundeswehr den Risiken und Gefahren nicht nur der Feindeinwirkung, sondern auch der Einwirkung von Umwelt, Wetter, biologischen und sonstigen Bedingungen aus und schafft damit Risiken, d.h., eine besondere Gefahrenlage für Soldaten der Bundeswehr. Diese besondere Gefahrenlage ist zwar zweifelsohne rechtmäßig, sie beinhaltet nach der herrschenden Interpretation von § 7 Soldatengesetz, jedoch Risiken für das eigene Leben und die körperliche Unversehrtheit in Kauf zu nehmen. Gerade aus dieser besonderen Gefahrenlage resultiert nun die objektive Schutzpflicht - und natürlich der subjektive Schutzanspruch des Soldaten, die hinzunehmende Gefahr zu minimieren. Gerade mit dieser bewußt und gewollt (rechtmäßig) geschaffenen Gefährdungs-lage gegenüber den Soldaten korrespondiert als Kehrseite die Pflicht, diese Einsatz-, aber auch die sonstigen Dienstrisiken dahingehend zu vermindern, daß sich Gefahren, sowohl aus besonderen Situationen des Kampfeinsatzes als auch des „normalen Dienstes", nicht realisieren. Dies würde übrigens bereits ohne die rechtmäßige Gesetzeslage zum „tapferen Verteidigen" gelten. Jedoch ist dieses Ergebnis zusätzlich zu stützen auf diese staatlich geschaffene Gefährdungslage.

Hierbei ist natürlich auch klarzustellen, daß auch die weitere Voraussetzung, nämlich, daß es sich um den Schutz vor rechtswidrigen Eingriffen Dritter handelt, beim Verteidigungseinsatz gegeben ist: Da gem. Art. 87a, 26 GG sowie Art. 5 NATO-Vertrag, Art. 5 WEU-Vertrag und Art.51 UN-Charta ja ausschließlich ein *rechtmäßiger* Verteidigungs- bzw. Verteidigungshilfeeinsatz in Betracht kommt, sind die Einwirkungen möglicher Gegner ex definitione rechtswidrig, da es also insoweit nur um Angreifer, jedenfalls aber um rechtswidrig Handelnde, gehen kann.

Für die Risikominimierungspflicht hinsichtlich der nicht *kriegs*bedingten Gegnereinwirkungen, nämlich der sowohl im Einsatz als auch im normalen Friedensdienst vorliegenden Umwelt- und sonstigen Dienstgefahr gilt der Grundsatz, daß das Schutzrecht nicht nur gegenüber rechtswidrigem Handeln Dritter, sondern auch gegenüber nicht beeinflußbaren objektiven Gefahrenkonstellationen besteht: So hatte der Staat die objektive Pflicht zu Beginn der 80er Jahre bei Auftreten der ersten Aidsfälle Schutzmaßnahmen zu ergreifen, obwohl dies nicht als rechtswidriges Handeln Dritter, sondern als eine naturgegebene Tatsache, nämlich das Auftreten einer Krankheit, anzusehen war.
Hierzu ist übrigens nur der guten Ordnung halber zu erwähnen, daß die in der BverfG-NATO-Nachrüstungsentscheidung von 1988 abgelehnte Anwendung des Art. 2 Abs.2 S.1 GG auf kriegerische Risiken sich auf eine andere Frage bezog.

Dort wurde nämlich die von den oben erwähnten Gegnern militärischer Landesverteidigung bzw. einzelner Verteidigungsmaßnahmen gezogene Schlußfolgerung der Gesamt-Unzulässigkeit der Verteidigungsmaßnahme aufgrund Anwendung des Art.2 Abs.2 S.1 GG abgelehnt.

Selbstverständlich steht die damit gegebene Schutzpflicht des Staates unter
einem weiten Ermessens- und Beurteilungsspielraum: Wie die Bedrohungslage
eingeschätzt wird, welche evtl. Kompensation von bestimmten nicht oder nur teilweise durchgeführten Rüstungsmöglichkeiten, z. B. auch durch Einbeziehung
von verbündeten Streitkräften in planerische Einsatzszenarien usw. angewandt
wird, steht bis zur Grenze von Ermessens- und Beurteilungsfehlern den zuständigen Stellen, also dem BMVG und den militärischen Planungs-, Rüstungs- und
Kommandobehörden zu. Dies soll an folgendem Beispiel verdeutlicht werden:
Wie der Waffen-Mix im Gefecht der verbundenen Waffen z. B. zur Abwehr eines
gepanzerten gegnerischen Großangriffs zusammengesetzt ist, ob z.B. der
Schwerpunkt auf die eigene Panzerwaffe, Panzerabwehrhubschrauber, panzerab-
wehrtaugliche Artilleriesysteme mit spezifischer Munition, große Panzerabwehr-
minensperren usw. gelegt wird, ist bis zur Grenze des militär-fachwissenschaft-
lich Falschen rechtlich nicht zu beanstanden.

Welche Auswirkungen hat nunmehr diese Rechtslage auf das Rüstungs- und
Beschaffungswesen ?

a) Kommen wir zunächst zur persönlichen Ausrüstung des Soldaten:

**persönliche Ausrüstung
des Soldaten**

Hier läßt sich ohne weiteres eine Pflicht zur optimalen Ausstattung im Hinblick
auf Schutz vor Wetter-, Klima- und biologischen Einwirkung statuieren:
Betrachtet man als historisches Beispiel die Ausrüstung der Soldaten des Ost-
Heeres im Winter 1941/42 - praktisch vollständig fehlende Winterbekleidung - so
wäre dies unter Zugrundelegung der hier entwickelten Maßstäbe verfassungsrechtlich unzulässig: Der objektiven Schutzpflicht des Staates gegenüber der
durch seine Handlungsweise geschaffenen besonderen Risikolage im Hinblick
auf Witterung (wochenlang Temperaturen bis zu 52 Grad minus !) wurde eben-
sowenig entsprochen wie dem gleichgerichteten subjektiven Schutzanspruch der
Soldaten. (Nur der guten Ordnung halber: Daß der Angriff auf Rußland als
Angriffskrieg i.S. Art. 26 GG ohnehin unzulässig war, hat mit dieser
Schutzpflichtbeurteilung natürlich nichts zu tun und soll lediglich der guten
Ordnung halber klargestellt werden.)

Hierbei sei übrigens auch das mustergültige Gegenbeispiel, nämlich die
Handlungsweise der amerikanischen Armee im Koreafeldzug, erwähnt: Um der
Geisel der Winterfeldzüge, den erfrorenen Füßen, zu wehren, wurde ein immen-
ser Ausrüstungsaufwand betrieben, insbesondere wurden den Soldaten möglichst
gute Kälteschutzstiefel ständig neu zugeführt, um dem markanten Problem der
verheerenden Kältewirkung nasser, nicht mehr trocknender Stiefel zu wehren.
Hier läßt sich auch leicht eine Konsequenz für Ausrüstungsentscheidungen zie-

hen: Da bekannt ist, daß die Kälte- und Nässeschutzwirkung bestimmter Stiefel aufgrund bestimmter Gewebeeigenschaften exorbitant besser ist als die diesbezügliche Wirkung herkömmlicher Lederstiefel, wäre zumindest für Einheiten, die in diesbezüglich gefährdetem Einsatz stehen, eine verbesserte Ausrüstung zwingend. Die möglichen schwerwiegenden Auswirkungen auf die körperliche Unversehrtheit - erfrorene Füße ! - sind nämlich so gravierend, daß auch eine relativ geringe Schadenseintrittswahrscheinlichkeit genügt, um die objektive Schutzpflicht zu aktivieren. Dies gilt selbstverständlich umfassend für die persönliche Ausrüstung inkl. Schutzausrüstung.

b) Betrachten wir nunmehr die Auswirkungen auf den Bereich der *kampfbezogenen Ausrüstung*, nämlich der Waffen- und *Kampfmittel*:

Auszugehen ist hier von der gesicherten Lebenserfahrung und der objektivierten militärhistorischen und durch Operations-Research-Untersuchungen abgesicherten wissenschaftlichen Erkenntnis, daß zumindest beim gefechtsentscheidenden Großgerät die statistische Überlebenschance im Gefecht sich von Gerätegeneration zu Gerätegeneration um den Faktor zehn bis tausend verringert. Damit ist es unzulässig, den Soldaten durch Ausrüstung mit einer veralteten, unwirksamen Kampfausrüstung einer um das zehn- bis tausendfach gesteigerten Gefahreneintrittswahrscheinlichkeit durch nicht bedrohungsgerechte Kampfausrüstung der Bundeswehr auszusetzen. Ein „Verheizen" durch zur Bekämpfung des Gegners (mittlerweile) untaugliche Ausrüstung widerspricht der objektiven Schutzpflicht zur Risikominimierung. Hier seien folgende historischen Beispiele erwähnt:

Auswirkungen auf Kampfmittel

- Im 2. Golfkrieg waren die im wesentlichen der Generation T 55/T 62 angehörenden Panzer des Irak in Panzer-Duellsituationen, insbesondere im Nachtgefecht, ohne auch nur die geringste Chance gegen die Panzer der Golf-Allianz, die durchweg der neuesten Generation, also M-1 auf seiten der USA, Challenger und Chieftain auf seiten der Briten und Leclerc auf seiten der Franzosen standen. Sowohl die überlegene Wirkung der 120 mm-Glattrohrkanonen als auch insbesondere der erheblich verbesserte Panzerschutz und die Zielortungstechnik, hier wiederum besonders die weitreichende Wärmebildtechnik bewirkten, daß *praktisch* kein einziger westlicher Panzer in einer Duellsituation abgeschossen wurde, die diesbezüglichen Verluste der Iraker betrugen weit mehr als tausend Panzer.

- Ein weiteres Beispiel sei aus dem israelisch-syrischen Luftkrieg 1973 erwähnt: Die insbesondere aufgrund verbesserter Elektronik, aber auch besserer Ausbildung der Piloten stark überlegenen israelischen Jäger erzielten im Kampf gegen die syrische Luftwaffe eine Abschußquote von ca. 1:100 !

Die beiliegende gestellte Duellsituation mag jeder für sich selbst beantworten: Hat ein Kampfpanzer Leopard I der *ersten* Generation eine reelle Chance gegen den Kampfpanzer T 80 ? Umgekehrt: Wie wird wohl ein Duell eines Kampfpanzers Leopard II A 5 mit einem T 64 ausgehen? Nochmals ist darauf hinzuweisen, daß die Sicht der Duellsituation natürlich angesichts des Gefechts der verbundenen Waffen stark verkürzt ist, auf die Kompensation durch andere Waffen- und Kampfmittel oder taktische Maßnahmen sei nochmals hingewiesen. Jedoch ist dies natürlich kein Freibrief für eine grundsätzlich veraltete Ausrüstung: Soweit beispielsweise ein Panzereinsatz zur Abwehr eines gegnerischen Panzerangriffes nicht vorgesehen ist, müssen eben andere überlegene Kampfmittel da sein. Nur dann läßt sich insoweit von Kompensation durch andere Rüstungsmaßnahmen sprechen.

Klarzustellen ist übrigens, daß angesichts der Schwere der möglichen Schäden und Verletzungen insbesondere auch eine Berufung auf *Finanznot* nur sehr eingeschränkt verfassungsrechtlich zulässig sein dürfte: Das BVerfG hat nachdrücklich im Rahmen der Atomrechtsprechung betont, daß gegen die untragbar schweren Grundrechtsbeeinträchtigungen auch äußerste technische Maßnahmen, koste es was es wolle, zu treffen sind.

Fassen wir zusammen: **Mit Art. 2 Abs.2 S.1 GG und der daraus resultierenden Schutzpflicht des Staates ist lediglich die optimal den jeweiligen Risiken angepaßte persönliche Ausrüstung, insbesondere Schutzausrüstung des Soldaten sowie die der jeweiligen Bedrohung entsprechende Kampfausrüstung vereinbar, die die Risiken der Feindeinwirkung minimiert.**

2.3 Haushalts- verfassungsrecht

Nachdem wir soeben untersucht haben, *was* unter verfassungsrechtlichen Gesichtspunkten beschafft werden muß, nämlich eine risikominimierend optimale Ausrüstung, wollen wir nun angesichts des unstreitigen Phänomens der Finanzierungsnot der Streitkräfte verfassungsrechtlich untersuchen, ob innovative Finanzierungsmodelle, insbesondere Leasing, zu diesem Zweck eingesetzt werden dürfen.

Betrachten wir hierzu das Haushaltungsverfassungsrecht des Bundes sowie die einfach- gesetzliche Ausgestaltung in dem Haushaltsgrundsätzegesetz (HGrG) sowie der Bundeshaushaltsordnung (BHO):

Zunächst zu Art. 110 GG: Aus dieser Norm werden im wesentlichen die verfassungsrechtlich vorgegebenen Maßstäbe der Haushaltsvollständigkeit, -wahrheit und -klarheit entnommen: Gerade für Leasing wird z. T. vertreten, daß die Finanzierung über Leasingverträge, insbesondere durch langfristiges Mobilien- und Immobilienleasing dadurch gegen die eben statuierten Grundsätze verstoßen würde. Leasing wird nämlich insoweit als Waren- bzw. Verwaltungsschuld und nicht als Finanzschuld behandelt und findet damit keinen unmittelbaren Eingang in den Haushalt, vgl. z.B. Höfling, Private Vorfinanzierung öffentlicher Verkehrsinfrastrukturprojekte, in: Die öffentliche Verwaltung 1995, S. 141 ff, 145 und Heuer, Haushaltsrecht-Kommentar, Art. 110 GG, Nr. 6. Da eben kein Ausweis unter den Verbindlichkeiten erfolgen würde, sondern nur in Nebenrechnungen, soll der Haushalt unvollständig und unklar sein.

Dem kann jedoch schon vom Ansatz her nicht gefolgt werden: Zwar haben die Grundsätze der Haushaltswahrheit und -klarheit zu Recht verfassungsrechtlichen Rang, die Verfassung kann jedoch nicht dahingehend interpretiert werden, daß durch eine formale Ordnungsvorschrift der Einsatz innovativer Finanzierungsmodelle, sollten sie denn ansonsten verfassungsrechtlich zulässig sein, verboten werden kann.

Den Geboten der Vollständigkeit, Wahrheit und Klarheit ist auch durch die Aufnahme in zum Haushaltsplan gehörenden Nebenrechnungen durchaus Genüge getan.

„Abs. 2: Der Bundesrechnungshof, dessen Mitglieder richterliche Unabhängigkeit besitzen, prüft die Rechnung sowie die <u>Wirtschaftlichkeit</u> und Ordnungsmäßigkeit der Haushalts- und Wirtschaftsführung.".. .

Art. 114 GG i.V.m.
§ 7 BHO

Bei dieser Norm handelt es sich um eine materielle Zentralvorschrift des HVerfR: Sie enthält das Gebot der Wirtschaftlichkeit, also die Vorschrift, bei jeder Maßnahme Nutzenoptimierung und Kostenminimierung zu erzielen. Es ist also jeweils im Einzelfalle zu prüfen, inwieweit eine bestimmte Finanzierungsmethode diesem Gebot der Wirtschaftlichkeit entspricht. Im Hinblick auf das innovative Finanzierungsmodell Leasing ist hierbei als erstes festzuhalten, daß weder vom Wortlaut noch vom Sinn und Zweck der Vorschrift her ein Verbot oder Ausschluß bestimmter Finanzierungsformen enthalten ist.

An jede Finanzierungsform wird lediglich der gleiche Maßstab, nämlich der der Wirtschaftlichkeit, angelegt. Die Entscheidung unter verschiedenen Alternativen ist insoweit, wie auch in der VOL vorgesehen, lediglich unter Prüfung der konkreten Einzelmaßnahmen -Konditionen zu prüfen. Die von Gegnern innovativer Finanzierungsmodelle, insbesondere von Leasing, vorgeschlagenen erweiterten Prüfungskriterien, nämlich gesamt-haushaltsrechtliche bzw. gesamt-wirtschaftliche Kriterien mit in den Entscheidungsprozeß einzubeziehen, dürfte zum einen nicht praktikabel sein, zum anderen wäre dies ein klarer Verstoß gegen hergebrachte Grundsätze von Wirtschaftlichkeitsentscheidungen im öffentlichen Bereich, vgl. zur Gegenmeinung Heuer, Leasing als Instrument modernen Finanzmanagements, VM, 95, 205 ff.

Hierbei kann nur kurz auf die diesbezüglichen eingehende Darlegungen im Kommentar HdbFK zu § 7 BHO hingewiesen werden, insbesondere zu den Möglichkeiten der Investitionsrechnung sowie Nutzen-Kosten-Untersuchungen und dem Spannungsverhältnis Sparsamkeit / Wirtschaftlichkeit, vgl. hierzu HdbFK ß 7 BHO, Ziff. 12 ff.

Danach dürfte folgendes feststehen: Leasing ist weder per se wirtschaftlich noch unwirtschaftlich, wenn aber unter Berücksichtigung der Gesamtkosten für eine Maßnahme Leasing sich als günstiger erweist, ist Leasing eben wirtschaftlich.

Aber: In die Wirtschaftlichkeit von insbesondere Ersatzinvestitionen ist mittlerweile der unmittelbare und mittelbare Folgekostengesichtspunkt mit einzubeziehen. Ersetzt man z.B. einen LKW gegen Ende seiner Nutzungszeit, so werden damit erhebliche Reparatur- und Instandhaltungsaufwendungen erspart. Diese Gesichtspunkte *sind* mit in die Wirtschaftlichkeitsprüfung einzubeziehen.

Mit anderen Worten: Wenn durch eine Leasing-Finanzierung eine Investitionsmaßnahme möglich werden sollte, die ansonsten nicht möglich wäre und dadurch im Folgekostenbereich erhebliche Einsparungen erzielt werden könnten, könnte eine ansonsten unmittelbar evtl. nicht gegebene Wirtschaftlichkeit angenommen werden. Der gleiche Gesichtspunkt gilt natürlich in weitestem Umfange auch für mögliche Einsparungen im Personalbereich durch Einführung moderner Informations- und Kommunikationstechnologien bei z.B. Ersatz einer veralteten Computergeneration durch die neue.

ART 115 GG   *„Abs. 1: Die Aufnahme von Krediten sowie die Übernahme von Bürgschaften, Garantien oder sonstigen Gewährleistungen, die zu Ausgaben in künftigen Rechnungsjahren führen können, bedürfen einer der Höhe nach bestimmten oder bestimmbaren Ermächtigung durch Bundesgesetz. Die Einnahmen aus Krediten dürfen die Summe der im Haushaltsplan veranschlagten Ausgaben für Investitionen nicht überschreiten; . . .“*

Hier handelt es sich um eine weitere Zentralvorschrift des Haushaltsverfassungsrechts: Die Kreditgrenze für die Neuverschuldung liegt grundsätzlich bei der Investitionshöhe. Die wesentliche Kontroverse im gesamten öffentlichen Haushaltsrecht im Hinblick auf innovative Finanzierungsmodelle kreist um diesen Artikel, vgl. hierzu beispielsweise Höfling, a. a. O. S. 146.

Für militärische Beschaffungen ist jedoch Art. 115 GG in soweit, als es um die Verschuldensgrenze geht, nicht besonders relevant. Entscheidend ist, daß Ausgaben für militärische Güter nicht als Investitionen i.S. Art. 115 GG angesehen werden. Dies gilt selbst dann, wenn diese Investitionen im volkswirtschaftlichen Sinne, der für den haushaltsrechtlichen Investitionsbegriff heranzuziehen ist, eindeutig Investitionen wären, vgl. dazu Schmidt-Bleibtreu/Klein, Grundgesetz-Kommentar, 8. Aufl., Art. 115 Rdnr. 6 und 7.

Streitig ist hierbei, inwieweit Leasinggeschäfte als Finanzkredite anzusehen sind, also der Ermächtigung bedürfen. Finanzkredite sind nur Kreditgeschäfte, die der Geldbeschaffung dienen. Bei Waren- oder Dienstleistungsgeschäften und die in diesem Zusammenhang verabredeten Zahlungsregelungen - vom Ansatz her also alle Leasinggeschäfte - handelt es sich insoweit nicht um Kredite, mithin ist eine gesetzliche Ermächtigung eben auch nicht erforderlich. Dies ist im wesentlichen streitig bei der Finanzierung langfristiger Großprojekte, wie z. B. Straßen- und Infrastrukturprojekte. Jedoch: Unabhängig von diesem Gesichtspunkt wäre aber nach den Haushaltsrichtlinien des Bundes für Mobilienanschaffungen ohnehin eine   pauschalierte differenzierte Betrachtung notwendig: Bei beweglichen

Sachen mit eingeschränkter Nutzungsdauer und Wertgrenze unter 10.000,— DM pro Gegenstand ist ohnehin keine Investition anzunehmen.

Für das Haushaltsverfassungsrecht ist mithin zusammenfassend festzuhalten, daß keinerlei zwingende verfassungsrechtliche Gründe gegen innovative Finanzinstrumente, insbesondere Leasing, sprechen. Leasing muß sich allerdings (natürlich) an den allgemeinen Grundsätzen der Wirtschaftlichkeit und Sparsamkeit messen lassen.

Damit ist insoweit als Zwischenergebnis festzuhalten, daß haushaltsverfassungs-rechtlich zumindest für den Bereich der Bundeswehrrüstung keinerlei durchgrei-fende verfassungsrechtliche Bedenken gegen Leasingfinanzierungen i.w.S. bestehen.

Weder das Völkervertragsrecht noch die allgemeinen Grundsätze des Völker-rechts verbieten eine bloß miet-/leasingförmige Nutzung von Wehrmaterial. Sowohl die Bündnisverträge des NATO- und WEU-Vertrages als auch der KSE-Vertrag enthalten entweder gar keine Vorgaben an die Art und Weise der Nutzung bzw. stellen ausdrücklich auf das bloße Innehaben der tatsächlichen Gewalt über die Ausrüstungsgegenstände ab.

2.3 Völkerrechtliche Gesichtspunkte

Einfach-gesetzliche Regelungen

3. Einfach-gesetzliche Regelungen

Bundesleistungsgesetz und sonstige notstandsrechtliche Regelungen:

3.1 Bundes-leistungsgesetz

Das Bundesleistungsgesetz vom 27.12.1961, in direkter Nachfolge des Reichs-leistungsgesetzes von 1873 und der Folgegesetze, beinhaltet sogar in § 2 Abs. 1 Nr.1 ausdrücklich die gesetzliche Möglichkeit, Mobilien wie aber auch Immobilien, die für Verteidigungszwecke benötigt werden, mietweise oder in ähnlicher Weise sich die Nutzungen im Verteidigungsfalle zu beschaffen. Damit ist folgende wichtige Argumentationshilfe gegeben: Im Rahmen einer bestehen-den gesetzlichen Regelung ist die mietweise Beschaffung der Nutzungsmöglich-keit von Wehrmaterial ausdrücklich anerkannt. Daraus ist zu schließen, daß es dem Gesetzgeber nicht darauf ankam, Wehrmaterial nur in bestimmten Rechts-formen, insbesondere der des Eigentums, zur Nutzung in Streitkräften zu erhal-ten, sondern daß es ihm um die Nutzung als solche geht. Um es überspitzt zu sagen: Es kommt nicht darauf an, ob die Panzerbesatzung in einem geleasten oder im Eigentum des Bundes stehenden Kampfpanzer Leopard II im Einsatz steht, sondern daß es ein Leopard II A 5 ist und nicht ein M 48. Noch deutlicher: Der bloß leasingmäßige Besitz eines Leopard II A 5 ist dem Eigentum an einem M 48 vorzuziehen und aus den oben erwähnten Gründen (Art. 2 Abs. 2 Satz 1 GG) sogar verfassungsrechtlich zwingend.

3.2 Auftragsvergabe-
recht - VOL

Hier sei nur kurz darauf hingewiesen, daß auch hier der Zuschlag dem *wirt-schaftlichsten* Angebot zu erteilen ist, in VOL-A-EWG, ß 1a sind sogar aus-drücklich Leasingregelungen enthalten. Insbesondere in dem Falle, der beim sogenannten Herstellerleasing häufig ist, daß nämlich nur *ein* ernst zu nehmen-der Anbieter auf dem Markt existiert, kann auch von der grundsätzlichen Notwendigkeit einer öffentlichen Ausschreibung abgesehen werden. Das Auftragsvergaberecht wurde an anderer Stelle des Symposiums intensiver behan-delt.

4. Spezifische steuer-
rechtliche Fragen

Im Rahmen dieses Beitrages kann natürlich nicht das gesamte leasingspezifische Steuerrecht auch nur angerissen werden, es sei jedoch auf bestimmte steuerliche Gestaltungen beim Leasinggeber hingewiesen, die für diesen zu unter Umständen eklatanten steuerlichen Vorteilen führen können: Die damit u.U. gegebenen Liquiditäts- und Finanzierungsvorteile des Leasinggebers können ent-weder von diesem im Rahmen der Preisgestaltungen, soweit es darauf ankommen sollte, genutzt werden oder aber auch vom Leasingnehmer, also den Beschaffungsbehörden, ebenso genutzt werden.

Dies sei an einem Beispiel klar gemacht: Soweit für die steuerliche Behandlung beim Leasinggeber die Sofort-Abschreibungsmöglichkeit des ß 6 Abs. 2 EStG angewandt werden kann, wäre es z.B. bei Massen-Leasing von geringwertigen Wirtschaftsgütern, z.B. Uniformen oder sonstigen Ausrüstungsgegenständen möglich, unter Anwendung der diesbezüglichen BFH-Rechtsprechung, z.B. BFH BStBl II 80, 176, die einzelnen Uniformen bzw. Ausrüstungsgegenstände jeweils als selbständige Wirtschaftsgüter zu behandeln und damit jeden Gegenstand sofort voll abzuschreiben. Damit würde im ersten Leasingjahr ein erhebliches gewinnminderndes Verlustvolumen geschaffen, welches finanzierungstechnisch zu einer unverzinslichen Steuerstundung führen würde und damit zu ganz erheb-lichen Finanzierungsvorteilen führen könnte. Selbstverständlich stehen unter dem Gesichtspunkt der steuerlichen Optimierung von Leasinggeschäften noch weitere erhebliche Potentiale zur Verfügung, die von beiden Seiten im Verhandlungswege genutzt werden könnten.

1. Auch in Zeiten angespannter Finanzierungslage besteht unter dem Gesichtspunkt der verfassungsrechtlichen Schutzpflicht die Notwendigkeit zur Risiken minimierenden Ausrüstung.

2. Verfassungsrechtlich bestehen keinerlei durchgreifende Bedenken gegen innovative Finanzierungsmodelle, insbesondere nicht gegen Leasing. Die Verfassung ist insoweit modellneutral.

3. Weder aus dem Völkerrecht noch aus den einfach-gesetzlichen einschlägigen Regelungen ergeben sich irgendwelche weiteren Beschränkungen. Das Steuerrecht gibt sogar Gestaltungsmöglichkeiten, die - wie in der Privatwirtschaft - genutzt werden können.

5. Zusammenfassung

RA-/FA f. Steuerrecht Karl-Heinz Gimmler

Leasing von Wehrmaterial

Dr. rer. pol. Martin Füllenbach

Einführung: Wie in den vorangegangenen Vorträgen mehrfach betont wurde, läuft die derzeitige und mittelfristig zu erwartende Mittelausstattung der Streitkräfte Gefahr, eine aufgabengerechte Ausstattung der Streitkräfte langfristig nicht gewährleisten zu können. Militärs aller Länder sind daher heute angehalten, das Dilemma zwischen rückläufigen Verteidigungsbudgets und einem quantitativ reduzierten, durch höhere Feinspezifikationen jedoch kostenintensiveren Wehrmaterialbedarf zu lösen. Auf dem Markt höchstbezahlter Nischenprodukte dürfen daher Beschaffungsentscheidungen nicht weiter von wirtschaftlichen Maßstäben und innovativen Finanzierungssurrogaten unberührt bleiben.

Im folgenden werde ich daher das „Leasing von Wehrmaterial" als einen möglichen Weg zur Implementierung innovativer Finanzierungsformen darstellen und mögliche Abwicklungsvarianten erläutern. Ich werde meine Ausführungen hierbei wie im Folgenden ersichtlich gliedern. Gleichzeitig möchte ich an dieser Stelle jedoch darauf hinweisen, daß der folgende Kurzvortrag keine umfassende Darstellung aller leasingrelevanten Aspekte bieten kann, sondern im Rahmen der Vortragszeit nur Denkanstöße liefern wird, die wir in der anschliessenden Diskussion gerne vertiefen können.

1. Die Komplexität des Wehrmaterialbegriffs

2. Leasing als Investitions- und Finanzierungssurrogat

Die Finanzierungsentscheidung über Miete, kreditfinanzierten Kauf oder Leasing ist ein notwendiger und nicht unwesentlicher Bestandteil jeder Investitionsentscheidung. In diesem Zusammenhang ist der Begriff des „Leasing" seit vielen Jahren zum Ausdruck für Mietgeschäfte besonderer Art im Investitionsgüterbereich geworden und in den westlichen Industriestaaten zu einer der wichtigsten Formen langfristiger Fremdfinanzierung avanciert: so werden heute schätzungsweise 15 % der westeuropäischen Anlageinvestitionen im Leasingverfahren finanziert. Eine einheitliche Definition existiert jedoch nicht. Denn während die entgeltliche Überlassung einer Sache zur bloßen Nutzung sowie die Finanzierung eines Kaufpreises im Wege einer Kreditaufnahme - beides zentrale Determinanten des Leasinggeschäfts - Niederschlag in den Bestimmungen über Miete und Darlehen gefunden haben, kennt das Bürgerliche Gesetzbuch kein Schuldverhältnis des „Leasing".

Die einschlägige Fachliteratur spricht von Leasing als einer mittel- bis langfristigen Vermietung von beweglichen und unbeweglichen Investitionsgütern an Wirtschaftsunternehmen, Objekten an die öffentliche Hand sowie langlebigen Konsumgütern an Privatpersonen. Aus dieser Definition erkennen wir, daß die betriebswirtschaftliche Lehrmeinung die Einführung derartiger Verfahren im Bereich der öffentlichen Haushalte bereits voll anerkannt und auch für zweckmäßig befunden hat.

Leasing stellt heute eine finanzwirtschaftliche Technik dar, mit deren Hilfe bewegliche und unbewegliche Gegenstände gegen Entgelt gemietet und nicht gekauft werden. Für den Investor bietet sich somit die Möglichkeit zum vollständigen Einsatz von Fremdeigentum als Vermögensersatz mit weiterführender Vermögenseinsparung, da an die Stelle einer einmaligen Kaufpreissumme die sukzessive Zahlung von Mietbeträgen, den sogenannten Leasingraten, tritt.

Nähere Details zur konkreten Ausgestaltung von Leasingverträgen werde ich im Zusammenhang mit konkreten Abwicklungsvarianten an späterer Stelle ausführen.

a.) Grundlegende Vertragsformen
Der Abschluß eines Leasingvertrags zeichnet sich vor allem durch seine besondere Individualität aus, da er sich auf alle betrieblichen Bedürfnisse des Nutzers hin gestalten läßt:

a.) 1. Unterscheidung anhand des Vertragspartners:
Grundsätzlich wollen wir in allen nachfolgenden Ausführungen nur von solchen Vertragsmodellen sprechen, in denen die Bundeswehr als Leasingnehmer auftritt. Bei der Wahl des Leasinggebers lassen sich aber nun bereits zwei grundlegende Vertragsvarianten festhalten: Schließt der Leasingnehmer den Vertrag direkt mit dem Produkthersteller, so wird von direktem Leasing oder auch Herstellerleasing gesprochen. Bei indirektem Leasing - auch als institutionelles oder Finanzierungsleasing bezeichnet - hingegen wird eine Finanzierungsgesellschaft als Bindeglied zwischen Produzent und Nutzer zwischengeschaltet.

a.) 2. Unterscheidung nach der Vertragsgestaltung:
Eine besondere Eigenart des Leasingvertrags ist es, daß er auch auf die unterschiedlichsten Ertragssituationen eines Unternehmens situativ einwirken kann: Während sog. Operating-Leasinggeschäfte von beiden Vertragsseiten jederzeit gekündigt werden können und sie daher als klassische Mietverträge im Sinne des BGB zu verstehen sind, laufen sog. Financial-Leasingverträge meist langfristig und sind als Leasingverträge im engeren Sinn zu verstehen. Das juristische Eigentum verbleibt beim Leasinggeber, der Leasingnehmer hingegen übernimmt als Folge einer unkündbaren Grundmietzeit das volle Investitionsrisiko. Aus diesem Grund kommen diese Verträge sowohl bei marktgängigen Produkten als auch bei auf den individuellen Bedarf des Leasingnehmers zugeschnittenen Produkten zur Anwendung. Finanzierungsleasing stellt somit eine Kombination von Finanzierung und Nutzungsverschaffung eines Wirtschaftsgutes durch den Leasinggeber dar. Die kreditierte Anschaffung eines Objektes wird durch die Nutzungsüberlassung ersetzt.

a.) 3. Unterscheidung nach den Optionen zum Vertragsende:
Die angesprochenen Finanzierungsleasingverträge lassen sich in eine Vielzahl
unterschiedlicher Abwicklungsvarianten untergliedern, die für eine Klassifizie-
rung der in Betracht zu ziehenden Wehrmaterialien von grundlegender
Bedeutung sind:

- Während die Chance der Wertsteigerung des Vertragsgegenstands bei einer
  Kaufoption einseitig beim Leasingnehmer liegt, profitiert bei Verträgen mit
  einem sog. Andienungsrecht der Leasinggeber: er besitzt einen Anspruch darauf, vom Leasingnehmer den Kauf des Mietobjektes gegen ein von vornherein
  festgelegtes Entgelt zu einem bestimmten Termin während oder nach Ablauf
  der Mietzeit verlangen zu können. Eingehende Überlegungen zur geplanten
  Nutzungsdauer unter Einbeziehung des produktspezifischen technischen
  Fortschritts sind daher voranzustellen.
- Im Mittelpunkt der Vertragsmodelle mit Mehrerlösrecht steht die Veräußerung
  des Leasingobjekts durch den Leasinggeber zum Ende des Vertragszeitraums.
  Ist der Verkaufserlös hierbei niedriger als der Fehlbetrag zwischen den kumu-
  lierten Leasingraten und dem errechneten Betrag zur Vollamortisation des
  Leasinggebers, so hat der Leasingnehmer diese Differenz zu begleichen. Ist er
  indessen höher, so erfolgt eine Aufteilung dieses Mehrerlöses.
- Insbesondere im Kfz-Bereich lassen sich Vertragsformen vorfinden, bei denen
  das Restwertrisiko vollends auf den Leasinggeber übertragen wird: für den
  Leasingnehmer ist keinerlei Restwertbeteiligung vorgesehen. Die Amortisation
  beim Leasinggeber erfolgt daher über die Ratenzahlungen und den späteren
  Verkauf des Gebrauchtwagens.

a.) 4. Unterscheidung nach dem Rückzahlungsumfang:
Während bei sogenannten Vollamortisationsverträgen alle Aufwendungen des
Leasinggebers zuzüglich einer entsprechenden Gewinnmarge im Verlauf der
Vertragsdauer durch den Leasingnehmer gedeckt werden, findet bei den Teil-
amortisationsverträgen nur eine teilweise Deckung dieser Kostenbestandteile
statt: die vollständige Amortisation wird hier nicht durch die vom Kunden zu
zahlenden Leasingraten, sondern durch eine Abschlußzahlung oder Absicherung
des Restwerts erzielt.

Die an dieser Stelle nur ansatzweise dargestellte Vielfältigkeit bei der Wahl der
Optionen zum Laufzeitende macht eine differenzierte und einzelfallabhängige
Beurteilung erforderlich. Chancen und Risiken der Wertentwicklung eines
Mietobjektes sind daher gleichgewichtig in eine Analyse einzubeziehen.
Festzuhalten gilt es aber auch, daß sich alle beschriebenen Vertragsoptionen nicht
substitutiv, sondern komplementär zueinander über eine Kombination der ange-
führten Teilaspekte verhalten: so ist bspw. der Vollamortisationsvertrag ohne
Kaufoption durch die verpflichtende Rückgabe des Leasinggegenstands nach
dem Ablauf der Grundmietzeit charakterisiert. Die in der betriebswirtschaftli-
chen Praxis hingegen noch jüngeren Vertragsmodelle mit Andienungs- oder
Mehrerlösrecht kennzeichnen hingegen ausschließlich Varianten des
Teilamortisationsvertrags, der aus diesem Grund in der Wirtschaftstheorie auch

gerne als „Leasinggeschäft der zweiten Generation" bezeichnet wird.

b.) Wehrmaterial als Objekt möglicher Leasinggeschäfte:

Nachdem nun die rechtlichen Grundzüge des Leasinggeschäfts kurz umrissen wurden, möchte ich den Blickwinkel nun auf das Objekt entsprechender Verträge erweitern: Die Gebrauchsüberlassung eines Wirtschaftsgutes an den Vertragsnehmer im Wege des Leasings setzt grundsätzlich voraus, daß die angestrebte Nutzungsleistung für den Leasingnehmer im Vertragszeitraum einen bestimmten Wert darstellt. Während sich im Kauffall das Nutzungsinteresse auf die gesamte Lebensdauer des Objektes erstreckt, dominiert hingegen beim Leasing ein Periodendenken für den Vertragszeitraum. Auf dieser Grundlage aufbauend lassen sich 3 wesentliche Kriterien für eine Bewertung militärischer Leasingobjekte festhalten:

- Fungibilität und Drittverwendungsfähigkeit: Der vermietete Gegenstand darf nicht nur ausschließlich für die Zwecke des Leasingnehmers nutzbar sein, sondern muß auch nach Vertragsablauf einem weiteren Bedarfsträger zugeführt werden können. Die Größe des Marktes spielt hierbei keine Rolle und wird sich lediglich in der Preiskalkulation des Leasinggebers niederschlagen, da er ex ante das mit der Weiternutzung verbundene Risiko abzuschätzen hat. Die von Leasingkritikern gerne vorgetragene Forderung eines Ausschlusses originären Kampfgeräts aus Leasingüberlegungen als Folge einer fehlenden Drittverwendungsfähigkeit wird hier jedoch nicht erfolgen; entsprechende Modellüberlegungen werde ich an späterer Stelle noch vorstellen.

- In engem Zusammenhang mit der Fungibilität steht die Forderung des Leasinggebers, für das betreffende Objekt auch nach Vertragsablauf über den Markt einen akzeptablen Preis erzielen zu können. Nachdem jedoch sowohl die Marktverhältnisse als auch der technische Fortschritt einzelner Produkte sehr stark variieren, kann hierfür zum Zeitpunkt des Vertragsabschlusses keine Gewähr gegeben werden. Von diesem Kriterium profitiert indes gerade das Wehrmaterial: nachdem in den meisten militärischen Beschaffungsfeldern infolge der langen Entwicklungszeiten der technische Fortschritt verlangsamt einsetzt, kann zumindest eine vergleichsweise hohe Wertkonstanz unterstellt werden.

- Im Zusammenhang mit der Beurteilung von militärischen Leasingverträgen wurde ich im Verlauf meiner Recherchen immer wieder auf die vermeintliche Problematik des Verlust- und Beschädigungsrisikos geleaster Wehrmaterialien angesprochen: Der sich aus der Überwälzung der Sach- und Preisgefahr auf den privatwirtschaftlichen Leasingnehmer ergebende Zwang zum Abschluß von Fremdversicherungen erfährt in seiner militärischen Behandlung eine grundlegende Relativierung: zwar besteht auch hier die Verpflichtung des Leasingnehmers „Bundeswehr" zur entsprechenden Materialpflege und unbeschädigten Rückgabe nach Vertragsablauf; die direkte Umsetzung unterscheidet sich jedoch grundlegend, da die Bundeswehr prinzipiell auf „Eigenrisiko" handelt und daher Prämienversicherungen durch Eigenversicherung ersetzt. Das Verlust- und Beschädigungsrisiko kann daher für die weitere Betrachtung außer acht gelassen werden, da es für den Kauf- und Leasingfall identisch ist.

c.) Betriebswirtschaftliche Entscheidungskomponenten

Neben originären Kostenüberlegungen, deren finanzmathematische Berechnung an dieser Stelle unterbleiben soll, sprechen vor allem wirtschaftstheoretische Gründe für den Abschluß eines Leasingvertrags.

c.) 1. Technische Rationalität

Der Begriff der technischen Rationalität soll nicht etwa den Gegensatz zwischen Wirtschaft und Technik zum Ausdruck bringen, sondern lediglich auf das Fehlen von Wertrelationen hinweisen. Unter dieser Prämisse sind zwei grundlegende Vorteile des Leasinggeschäfts zu nennen:

- Fähigkeit zur flexiblen Bedarfsanpassung: Der Bedarf an Objekten zum Zwecke der militärischen Leistungserstellung wird maßgeblich vom Auftrag determiniert. Eine hier nutzbare Flexibilität kann die laufenden Kosten jeder Unternehmung der Markt- oder Auftragssituation anpassen. In der Folge bieten Leasingverträge entsprechenden Freiraum, der eine qualitative und quantitative Anpassung an die betrieblichen Erfordernisse ermöglicht. Denn trotz der verpflichtenden Bindung für die Dauer der Grundmietzeit ist anschließend die sofortige Rückgabe oder - bei situativem Mehrbedarf - der Abschluß weiterer Verträge möglich.

- Technologische Produktanpassung in schnellebigen Marktsegmenten: Während jeder Unternehmer heute zum Schritthalten mit der Produktinnovation seiner Konkurrenten gezwungen ist, so muß auch der Nutzer neuer Technologien und Produkte auf die Modernität seines Geräts bedacht sein. Diese Effekte hängen in ihrer Vehemenz zwar vom betrachteten Produktumfeld ab, beeinflussen jedoch heute grundsätzlich jede unternehmerische Entscheidung, so daß auch der Produzent der Dienstleistung „Sicherheit" hiervon nicht unberührt bleibt: die zielgerichtete und auftragsabhängige Abschreckungsfunktion ist maßgeblich vom technologischen Stand der Armee geprägt.

c.) 2. Leistungswirschaftliche Rationalität

Umfrageergebnisse unter privatwirtschaftlichen Unternehmen belegen, daß sich der besondere Erfolg der Leasingbranche unter anderem auf die renditebezogenen Auswirkungen zurückführen läßt. Die Darstellung der kostenmäßigen Auswirkungen des Leasingvertrages nähme an dieser Stelle zuviel Platz ein: im Ergebnis möchte ich jedoch betonen, daß der Leasingvertrag entgegen vielfach vorherrschender Meinungen auch mit deutlichen Kostenvorteilen gegenüber dem kreditierten Kauf verbunden sein kann.

c.) 3. Synergieeffekte eines Leasingvertrags

Ich hatte eingangs bereits darauf verwiesen, daß Leasing heute grundsätzlich als Ausdruck einer ambivalenten Entscheidung für Finanzierung und Investition anzusehen ist. Die Abwicklung einer leasingfinanzierten Investition beinhaltet somit auch eine in ihrer Wirkung nicht zu unterschätzende Dienstleistungsfunktion, von der beide Vertragsseiten grundsätzlich profitieren.

Dienstleistungsfunktion:

Insbesondere am Beispiel Immobilienleasing lassen sich verschiedene Dienstleistungstätigkeiten festmachen, wie Investitions-, Bauherren-, Vermieter- und Finanzfunktionen. Zwar ist nicht davon auszugehen, daß der Leasinggeber dieses umfangreiche Betätigungsfeld unentgeltlich bereitstellt; eine Verteuerung der Leasingraten ist daher zu erwarten. Um jedoch auch hier wieder zu einer fundierten Aussage im Rahmen des finanzmathematischen Kostenvergleichs zu gelangen, sind die dem betrieblichen Investor entstehenden Aufwendungen bei Selbstdurchführung der angebotenen Zusatzleistungen zumindest kalkulatorisch in Rechnung zu stellen. Bereits die Erfahrungen des Leasinggebers auf diesem Gebiet dürfte jedoch einen erheblich geringeren und routinierteren Arbeitsaufwand nach sich ziehen, der jedem Kostenvergleich standhält und zudem eine Konzentration des Leasingnehmers auf sein originäres Kerngeschäft ermöglicht.

Mengeneffekte: Neben den im unmittelbaren Zusammenhang zum Investitionsobjekt stehenden Zusatzleistungen kann der Leasinggeber weitere Vorteile in die betriebliche Investitionsentscheidung miteinfließen lassen. Hier sind vor allem Rabatte infolge großer Abnahmemengen des Leasinggebers oder niedrigere Herstellungskosten im Baubereich anzusprechen. Nachdem es bei Leasingverträgen üblich ist, daß diese Vorteile in vollem Umfang zu einer korrespondierenden Reduzierung der Gesamtinvestitionssumme als Bemessungsfaktor der aufzuwendenden Leistung führt, ergeben sich hieraus weitreichende Vorteile.

c.) 4. Liquiditätswirksamkeit:

Die Liquiditätswirksamkeit des Leasingvertrags dokumentiert sich in zwei maßgeblichen Punkten:

Verringerung der Kapitalbindung: die zeitliche Staffelung der Leasingraten anstelle eines einmalig hohen Kapitalabflusses erzeugt eine nachhaltige Kapitaleinsparung im Beschaffungsfall. Denn ohne Zweifel stellt das Leasinggeschäft eine 100%ige Drittfinanzierung des Investitionsobjektes dar, das die aktuelle unternehmerische Liquidität schonen und durch den Verzicht auf Eigeninvestition den gesamten Investitionsspielraum erheblich erweitern wird. Selbst für den öffentlichen Haushalt bietet dies trotz der strengen kameralistischen Bindung eine Möglichkeit zur Vervielfachung des ökonomischen Potentials, da gleichzeitig weitere Aktivitäten mit den herkömmlichen Finanzquellen eingeleitet werden können.

Ausweitung der Verschuldungsmöglichkeiten: Durch den Abschluß eines Leasingvertrags eröffnet sich dem Gewährleistungsbetrieb die Möglichkeit einer 100%igen Fremdfinanzierung des Objektes. Weitere Beschaffungsmaßnahmen bleiben hievon unberührt, da der Verschuldungsspielraum bei hinreichender Bonität des Leasingnehmers gänzlich unangetastet bleibt: zusätzliche Beschaffungen trotz kapitalintensiver Leasinginvestitionen sind durchführbar, so daß der Gesamteffekt beider Investitionsarten - Leasing und kreditfinanzierter Kauf - eine deutliche Ausweitung der Verschuldungsmöglichkeiten zu erkennen gibt.

Nach der rein wissenschaftlichen Betrachtung der Leasingtheorie möchte ich meine Ausführungen an diese Stelle mit einigen Beispielen aus der militärischen

Praxis unterlegen. Festzuhalten gilt aber bisher, daß sich unter Zugrundelegung der betriebwirtschafltichen Theorie bis hierhin noch kein Punkt aufzeigen ließ, der den militärischen Leasingvertrag ad absurdum geführt hätte oder seiner Anwendung aus triftigen Gründen zuwiderlaufen könnte. Denn die Einflüsse auf die aufgezeigten Entscheidungskomponenten bei der Wahl der Finanzierungs- und Investitionsform belegen selbst bei der Beschaffung durch den Gewährleistungsbetrieb, daß der Abschluß eines militärischen Leasingvertrags von grundlegendem Vorteil für Produkt und Kosten sein kann.

3. Beispieldarstellung der militärischen Vertragsabschlüsse und -überlegungen

Vor dem Hintergrund meiner bisherigen Ausführungen erfolgt weltweit und gren-züberschreitend bereits seit Jahren eine intensive, militärische Leasingdiskussion und -nutzung. Während sich die Bundeswehr hier nach wie vor mit planerischen Grundsatzüberlegungen beschäftigt, führen andere Nationen bereits erfolgreich den Beweis gleichbleibender Investitionsquoten bei kontinuierlich verkleinerten Verteidigungsbudgets. Aus diesem Grund möchte ich an dieser Stelle einige wenige Beispiele anführen, die die Praktikabilität des millitärischen Leasingver-trags nachhaltig untermauern:
Bereits 1982 begannen die Norwegischen Streitkräfte damit, ihre Flugplätze mit-tels geleaster amerikanischer HAWK-Luftabwehrbatterien zu schützen. Dieses Modell erwies sich sogar als doppelt vorteilhaft: Zum einen konnte das ohnehin nur in amerikanischen Lagern befindliche Material einer produktiven Nutzung zugeführt werden, zum anderen ergaben sich positive Effekte auf das NATO-Bündnis hinsichtlich Kosten und kollektiver Leistungsfähigkeit durch entspre-chende Waffensystemstandardisierung.
Ein besonders anschaulicher Fall militärischer Leasinggeschäfte, der sich hierbei sogar auf sensitives Material erstreckte, wurde 1997 zwischen Großbritannien und Italien abgeschlossen: Zur Verstärkung der Luftverteidigung beschaffte sich Italien insgesamt 24 Kampfjets vom Typ Tornado ADV für eine Laufzeit von 10 Jahren im Leasingverfahren von der Royal Air Force. Die Flugzeugmiete beträgt hierbei ca. 250 Millionen DM.
In den USA wurden in den vergangenen 15 Jahren Stromerzeugungsaggregate, DV-Anlagen oder zivile Transportfahrzeuge erfolgreich geleast. Im Mittelpunkt entsprechender Überlegungen steht aber derzeit die Nachfolgebeschaffung für einen leichten Transporthubschrauber der US Army, da der bislang genutzte Hub-schrauber vom Typ Bell UH-1D zwischenzeitlich völlig veraltet ist.
Auch die Bundeswehr hat sich 1989 mit vergleichbaren Überlegungen beschäf-tigt: Beim Ersatz der veralteten Boeing 707 Langstreckenflugzeuge durch 4 Airbus A310 wurden Leasingverfahren erstmals in Erwägung gezogen. Während das Wirtschaftsreferat in der Kalkulation des Geschäfts erhebliche Unsicherheiten sah, neigte der Planungsstab BMVg zu einer insgesamt positi-veren Bewertung. Die diskutierten Investitionsalternativen wurden jedoch 1991 mit der Übernahme neuwertiger Maschinen gleichen Typs von der DDR-Staatslinie Interflug gegenstandslos.

4. Abwicklungsvarianten eines Wehrmaterialleasings

Auf der Grundlage der im Verlauf meiner Recherchen aufgefundenen militärischen Leasingverträge und unter Einbeziehung der insbesondere im kommunalen Bereich zwischenzeitlich breit praktizierten Leasinganwendungen möchte ich Ihnen im folgenden einige Modellvarianten militärischer Leasingmodelle darstellen, die hierbei natürlich noch weitgehender und stets produktabhängiger Feinanalysen und Abstimmungen bedürfen:

Direktes Herstellerleasing:

Der insbesondere im Kraftfahrzeugbereich gängigen Anwendungspraxis folgend, sind Verträge in der Form direkten Herstellerleasings unmittelbar zwischen dem Hersteller als Leasinggeber und dem militärischen Bedarfsträger als Leasingnehmer zu schließen. Zusätzlich wird der Hersteller im meist kapitalintensiveren öffentlichem Beschaffungsfall einen Kredit betragsgleicher Höhe zur Produkterstellung aufnehmen, dessen Bürgschaft der Bund anschließend zu übernehmen hat. Direktes Herstellerleasing ist insbesondere bei der Beschaffung marktkonformer Technologie nutzbar: Kommunikationstechnik, leichte und schwere Transportfahrzeuge, Sanitäts- und Feuerlöschfahrzeuge, Bekleidung, Baumaschinen oder Transportflugzeuge - um nur einige der denkbaren Beispiele zu nennen - bieten sich hier infolge marginaler Militärspezifikation und fehlender Bewaffnung besonders an. Geringfügige Anpaß- oder Integrationsarbeiten treten somit an die Stelle kapitalintensiver Sonderentwicklungen und ermöglichen eine Konzentration der ohnehin knappen Entwicklungsmittel auf militärtypische Vorhaben. Die ministerielle Vorgabe, vertretbare Minderleistungen bei der Produktbeschaffenheit und Anwendungsspezifizierung in der Beschaffung hinzunehmen und spezifische Neuentwicklungen auf Ausnahmefälle zu beschränken, leistet daher auch militärischen Überlegungen zu direkten Leasingverträgen fungibler Produkte entsprechenden Vorschub.

Indirektes Finanzierungsleasing:

Kennzeichen indirekten Finanzierungsleasings ist die Einbeziehung einer Finanzierungsgesellschaft in das Objektverhältnis zwischen Hersteller und Nutzer: während die Leasinggesellschaft den vollen Kaufpreis an den Hersteller entrichtet, bezahlt der militärische Nutzer die anstehenden Raten an die Leasinggesellschaft. Eine Bürgschaft des Bedarfsträgers für die Kreditbeziehung zwischen Leasinggeber und Produzent ist für gewöhnlich nicht erforderlich. In seiner militärischen Anwendungsbreite gelten für dieses Modell grundsätzlich die gleichen Produktmaßnahmen wie für direktes Herstellerleasing: fungible Technologie steht auch hier im Mittelpunkt der vielfältigen Leasingmöglichkeiten.

Investoren-Leasingmodell:

Die Einbindung einzelner Großunternehmen oder konsortialer Investorengremien - vornehmlich Industrieunternehmen, Banken oder Versicherungsgesellschaften - in kapitalintensive Leasingfinanzierungen zielt darauf ab, dem Investor die Rolle des Leasinggebers zu übertragen und über ihn die Objektbeschaffung abzu-

wickeln. Der originären Leasinggesellschaft als Leasingnehmer wird anschlies-
send das Recht eingeräumt, mit der Bundesrepublik Deutschland einen Unter-
Leasingvertrag abzuschließen und die Vertragsobjekte somit der Bundeswehr zu
überlassen. Infolge der nahezu unbegrenzten Kapitalisierungseffekte finden vergleichbare Verfahren bereits seit langem Anwendung in Luftfahrzeugbereich.
Nachdem konsortiale Investorengesellschaften für derartige Leasingabwicklun-
gen erst im Beschaffungsfall gegründet werden, dürfte es im grundsätzlichen
Interesse des Staates liegen, sich hieran mit einer entsprechenden Sperrminorität
zu beteiligen. Diese grob skizzierten Annahmen lagen auch dem bereits angesprochenen Angebot der Deutschen Leasing AG über vier Flugzeuge des Typs
Airbus A310 zugrunde.

Leasingkonstellationen militärischer Teilprivatisierungen:
Vor dem Hintergrund haushaltsrechtlicher Reglementierungen und dem mitunter
schwierigen Einfluß auf Grundsatzentscheidungen bei einer Einbindung privaten
Investorenkapitals gewinnen Privatisierungsüberlegungen in der öffentlichen
Leistungserstellung zusehends an Bedeutung: Betreiber-, Kooperations- und
Konzessionmodelle stehen im Mittelpunkt kommunalen Finanzierungsinteresses.
Die Privatisierung militärischer Aufgabenfelder - in Analogie zu kommunalen
Verfahrensweisen im folgenden als 'contracting-out' bezeichnet - wird durch
mehrere Faktoren geprägt: originäre Landesverteidigung oder internationaler
Kriseneinsatz stellen hoheitliche Aufgaben dar, die aus verfassungsrechtlichen
und -ethischen Gründen nicht zu privatisieren sind. Hingegen bieten alltägliche
Unterstützungsaufgaben, vornehmlich konventioneller Güter- und Personen-
transport, infolge weitestgehender Deckungsgleichheit mit privatwirtschaftlichen
Dienstleistungspartnern zahlreiche Möglichkeiten einer Einbindung von
Privatrechtssubjekten. Die Abbildung zeigt hierzu schematisch die
Grundvorstellung, die sowohl eine Leasinganwendung trotz bestehender
Haushaltsrestriktionen ermöglicht als auch weiterführende Kostensenkungs-
potentiale durch die Funktions- und Materialausgliederung erschließt. Die
grundlegenden Leistungs- und Zahlungsverpflichtungen lehnen sich im wesentlichen an den Fiktionen kommunaler Kooperationsmodelle im Verbund mit indirekten Finanzierungsleistungen an. Darüber hinaus sind folgende Determinanten
festzuhalten: Während Anlagenbesitz und -betrieb in einer privaten Unternehmung zusammengefaßt werden, unterbleibt eine Einbeziehung zusätzlichen
Investorenkapitals, da - wie bereits angedeutet - die Finanzierungsfrage hier nur
nachrangige Bedeutung besitzt. Die als „Bundeswehr-Betriebs-Gesellschaft" skiz-
zierte Privatunternehmung verbleibt somit gänzlich im Bundesbesitz und behält
ihre unternehmerische Dispositionsfreiheit.

Zum Abschluß der verschiedenen Modellvarianten möchte ich Ihr Augenmerk
noch auf eine Vorstellung lenken, die im Gegensatz zu allen bislang vorgestellten
Vertragsüberlegungen noch keine praktische militärische Anwendung gefunden
hat: Multinationales Wehrmaterialleasing in Form militärischer Beschaffungs-
und Nutzungskooperation in Europa. Die Konzeption lehnt sich an die Eisen-
bahngesellschaft EUROFIMA an und zielt auf die Bildung eines internationalen

Gremiums ab, das, ausgestattet mit Kapitaleinlagen aller involvierten Staaten, über eine hinreichende Finanzkraft verfügt, um Wehrmaterial zentral zu beschaffen und anschließend den anteilszeichnenden nationalen Streitkräften auf dem Leasingweg zur Nutzung zu überlassen. Unter Rückgriff auf bereits bestehende Organisationsformen militärischer Rüstungskooperation - hier seien nur NAMMA oder NEFMA genannt - ließe sich eine Erweiterung der multinationalen Rüstungskooperation auf die ungleich längere und somit für Finanzierungsfragen erheblich bedeutsamere Zeitdauer der Nutzung erzielen. Die Verbindung der umfangreichen Mengeneffekte einer Zentralbeschaffung und -entwicklung mit der für die anschließenden Leasingbeschaffung typischen Kostenersparnis und Liquiditätsschonung stellt daher nach meiner Bewertung die bestmögliche Konstellation kapitalintensiver Investitionsrealisierungen dar und eröffnet somit eine zielgerichtete Erneuerung und Modernisierung militärischer Materialbestände.

Die vorangegangenen Ausführungen belegen die Praktikabilität militärischer Leasingverträge in Theorie und Praxis: auf der Basis individuell zugeschnittener Abwicklungsvarianten kann den erforderlichen Produkt- und Einsatzspezifikationen hinreichend Rechnung getragen werden, da weder der hohe Kapitalbedarf der Objektbeschaffung noch die - rechtlich höchst sensitive - Einbeziehung moderner Kampfmaterialien hier ein Hindernis darstellen. Die Verbindung von politischen Absichtserklärungen, umfangreichen Finanzierungsmöglichkeiten, internationaler Militärkooperation und fortschreitender Homogenisierung nationaler Budgetrestriktionen verdeutlicht daher, daß es sich bei den dargestellten Vertragsabschlüssen und -überlegungen heute bereits um eine ernstzunehmende Alternative zur kreditfinanzierten Kauflösung handelt, die sich in zahlreichen Ländern zum festen Bestandteil militärischer Beschaffungsplanung entwickelt hat.

5. Begrenzungsfaktoren militärischer Leasingverträge

Die Vielzahl und Variationsbreite der bislang diskutierten Modelle und Vertragsvarianten darf nicht darüber hinwegtäuschen, daß ihr Großteil im Beschaffungsbereich der Bundeswehr lediglich theoretischen Charakter besitzt, der das Planungsstadium meist noch nicht einmal erreicht hat. Zahlreiche Gesetzesrestriktionen und systemimmanente Widrigkeiten verhindern bis heute die zielgerichtete Erschließung des vielschichtigen Vorteilsspektrums moderner Leasinggeschäfte.

Eine umfassende Analyse darf auf eine Bewertung dieser Gründe nicht verzichten. Aus Zeitgründen werden ich mich hier jedoch auf eine kurze Nennung der im Verlauf meiner Recherchen mehrfach geäußerten Bedenken beschränken.

• Haushaltsrechtliche Entscheidungskriterien: Sowohl der Grundsatz der Wirtschaftlichkeit und Sparsamkeit als auch der Grundsatz der Haushaltswahrheit und -klarheit schränken eine Leasingbeschaffung von Wehrmaterial stark ein. Die nur schwer quantifizierbaren Vertragsvorteile, wie die Erweiterung des Investitionsspielraumes, finden in der unmittelbaren Vertragsprüfung derzeit noch keine Berücksichtigung.

- Restriktionen der Weiternutzung militärischer Leasingobjekte zum Vertragsende: Während die Realisierbarkeit militärischer Leasingbeschaffungen fungibler Technologie auf der Grundlage der bisherigen Ausführungen unbestritten
sein dürfte, birgt die Nutzung militärischer Hochtechnologie im originären
Kriegswaffenbereich nach Auffassung zahlreicher Leasingkritiker erhebliche
Schwierigkeiten. Unter Anlegung ökonomischer Maßstäbe ist hierzu jedoch
anzumerken, das sich Kauf und Leasing hier kaum voneinander unterscheiden:
Angesichts einer bereits heute hinreichend großen Abnehmerzahl für auszumu-
sternde Wehrmaterialien der Bundeswehr im internationalen NATO-Umfeld
stellen derartige Bedenken nach meinem Dafürhalten keine Restriktionen dar,
die einen Ausschluß sensitiven Wehrmaterials a priori implizieren.

- Neben diesen Rechtsgrundlagen militärischer Beschaffungspraxis existiert
jedoch noch ein umfangreiches Argumentationspotential, mit dessen Hilfe sich
die Bundeswehrverwaltung gerne einer weiteren Auseinandersetzung mit
Leasingmodellen entzieht: der vermeintlich höhere Verwaltungsaufwand des
Leasingvertrags, die angebliche fehlenden Möglichkeit zur Preisprüfung kon-
kurrierender Angebote und die Befürchtung zur Schaffung eines Präzedenzfal-
les, auf den sich andere Ressorts unverzüglich berufen könnten, stellen meines
Erachtens nach Argumentationslinien dar, die an dieser Stelle nicht weiter zu
kommentieren sind.

6. Zusammenfassung und Ausblick

Ich fasse zusammen: Angesichts der zahlreichen mittelfristig von der
Bundeswehr geplanten und erforderlichen Beschaffungsvorhaben bei gleichzeitig höchstens stagnierendem Verteidigungsbudget bin ich der festen Überzeu-
gung, daß Leasing in den kommenden Jahren verstärkt in das Bewußtsein der
militärischen und politischen Entscheidungsträger treten wird. Aus diesem
Grund möchte ich meine Ausführungen mit fünf Thesen abschließen:

These 1   Der Abschluß eines Leasingvertrags eröffnet dem Vertragsnehmer ein breites
Spektrum finanzwirtschaftlicher Vorteile, deren Inanspruchnahme von militäri-
schen Spezifikationen grundsätzlich unberührt bleibt. Ich rufe hier nochmals die
Begriffe Kapitalbildung und Synergieeffekte in Erinnerung.

These 2   Die Variationsbreite privatwirtschaftlicher Leasingmodelle ist grundsätzlich in
der Lage, auf die militärischen Erfordernisse hin idealtypische Lösungsansätze
zu liefern. Sämtliche für Nutzungsdauer und Einsatzspezifikationen relevante
Einflußgrößen können a priori berücksichtigt werden. Im Ergebnis bietet sich
hiermit die Möglichkeit zur differenzierten Risikokalkulation vor dem Hintergrund der eigenen Budgetsituation,

These 3   Leasing von Wehrmaterial steht im Einklang mit der gültigen Rechtslage - unabhängig vom militärischen Spezifikationsgrad.

Die nationale und internationale Beschaffungspraxis belegt die Praktikabilität **These 4** militärischer Leasingverträge - auch unter Einbeziehung originärer Kampfgeräts. Wie Sie gehört haben, wurde Leasing von Wehrmaterial in zahlreichen Armeen bereits zum integralen Bestandteil militärischer Beschaffungspraxis; das Beispiel der italienischen Kampfflugzeuge vom Typ Tornado belegt hierbei eindrucksvoll die Möglichkeit einer Einbeziehung selbst originären Kampfgeräts.

Taktisch-operative Effektivität und wirtschaftliche Effizienz werden zukünftig zu **These 5** gleichgewichtigen Determinanten militärischer Entscheidungsprozesse. Angesichts der latenten Budgetproblematik kann Leasing nach meinem Dafürhalten daher zur wirtschaftlicheren Verwendung des Einzelplan 14 beitragen.

Zweifellos stellt die Leasingfinanzierung hierbei nicht die „ultima ratio" für eine abschließende Reform des militärischen Beschaffungswesens dar: infolge ihres innovativen und additiven Finanzierungscharakters vermag sie jedoch die konventionelle Kreditfinanzierung in ausgewählten Bereichen zu ergänzen; eine Einzelfallbetrachtung darf hierbei allerdings nicht unterbleiben, um so alle produkt-, einsatz- und finanzierungsrelevanten Entscheidungskriterien hinreichend zu berücksichtigen. Lassen Sie mich daher meinen Vortrag mit einem Zitat des ehemaligen Staatssekretärs im Bundesverteidigungsministerium, Jörg Schönbohm, beenden, der das Plädoyer für eine betriebswirtschaftliche Neuorientierung der Streitkräfte unterstreicht und somit - zumindest mittelfristig - eine Überarbeitung der bestehenden Beschaffungsverfahren in Aussicht stellt:

„Mit dieser Mittelausstattung ist langfristig eine aufgabengerechte Ausstattung der Streitkräfte nicht zu gewährleisten. Dabei kommt es insbesondere darauf an, die notwendigen Unterstützungsleistungen für die Streitkräfte auf den wahrscheinlichen Bedarf auszurichten und das Kosten- und Leistungsverhältnis bei Einsatz der Ressourcen Personal, Material und Finanzen einem marktwirtschaftlichen Vergleich zu unterziehen. Dies erfordert eine Neuorientierung von Strukturen, Ablauforganisationen und Personalbedarf der Bundeswehr sowie die Einführung bewährter betriebswirtschaftlicher Methoden."

Ich bedanke mich für Ihre Aufmerksamkeit.

Dr. Martin Füllenbach

Praxisbeispiel von Leasing aus der freien Wirtschaft

Rudolf Fang, Geschäftsführung
Bardusch Textil-Mietdienste

1. Firmenportrait der Bardusch-Gruppe

Die Bardusch GmbH & Co wurde vor über 125 Jahren - im Jahr 1871 - gegründet, um die Bekleidung der in Ettlingen/ Karlsruhe stationierten preußischen Soldaten zu waschen und zu bügeln.

Heute betreut und versorgt die Firmengruppe weltweit mehr als 60.000 Kunden, beschäftigt 2.400 Mitarbeiter und erzielt einen Umsatz von ca. 260 Millionen DM. Knapp 60% der Mitarbeiter, die in Deutschland tätig sind, erwirtschaften ca. 65% des Gesamtumsatzes in Deutschland.

Obwohl das Unternehmen auch kleine und mittlere Betriebe versorgt, hat sich der Dienstleister auf das Großprojektgeschäft spezialisiert; wie z.B. Generalversorgung der Deutschen Bahn AG, Adam Opel AG weltweit (General Motors) etc..

2. Wie funktioniert ein Leasing-System für Kleidung ?

Nachfolgende schematische Darstellung veranschaulicht den prinzipiellen Ablauf einer Fremd-versorgung durch einen Generaldienstleister für Mietberufsbekleidung.

Der Kreislauf verdeutlicht, daß weder Lager-räume noch Lagerpersonal notwendig sind, um den Service sicherzustellen.

Mietwäsche-Kreislauf

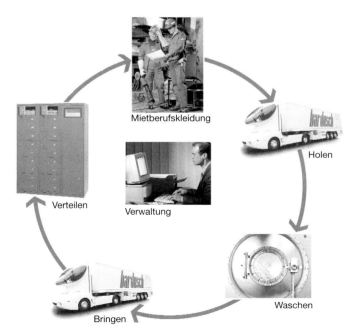

Mietberufskleidung

Holen

Verteilen

Verwaltung

Waschen

Bringen

3. Produkte und Dienstleistungen

Das Bardusch-Dienstleistungsangebot umfaßt Textil-Mietdienste für die Bereiche:
- Mietberufskleidung im Full-Service für nahezu alle Branchen,
- Vollversorgungssysteme für persönliche Arbeitsschutz-Ausrüstung (PSA):
  Spezielle Schutzkleidung (gemäß EN);
  GORE-TEX® Kleidung für Warn- und Wetterschutz
- Stoffhandtuchspender und Seifenspender
- Schmutzfangmatten, Staub- und Wischmops
- Textil-Versorgungssysteme für Hotellerie, Gastronomie, Krankenhäuser und
  Pflegeheime
- Chemischer Reinigungsservice für Spezialartikel
- Maschinenputztücher

4. Finanzierung und Logistik einer bundesweiten Vollversorgung für Berufsbekleidung am Beispiel der Deutschen Bahn AG

Die Deutsche Bahn AG hat - insbesondere aufgrund der Privatisierung - einen
starken Strukturwandel erlebt. Dies bedeutet für die Beschaffung, daß von einem
ehemals zentral gesteuerten System in weiten Teilen auf dezentrale Beschaffungs-
strukturen umgestellt wird. Die Folge dieser Strukturveränderung bekommen vor
allem die Lieferanten zu spüren, die heute mit über 800 Ansprechpartnern in
ebenso vielen Niederlassungen konfrontiert werden.
Vor der Privatisierung gab es nur *einen* zentralen Einkauf.
Nachstehende Abbildung zeigt - ausgehend von der heutigen Geschäftsstruktur
der Deutschen Bahn AG - am Beispiel des Geschäftsbereiches „Netz" auf, daß
die Mietwäsche-Versorgung von den Niederlassungen bis zum einzelnen Arbeiter
am Gleis reicht.

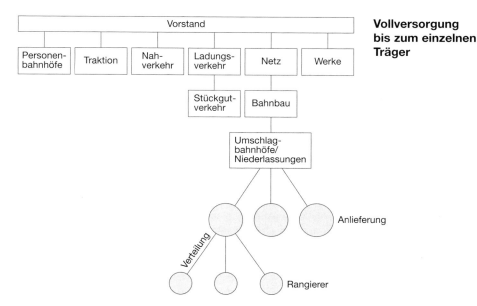

**Vollversorgung
bis zum einzelnen
Träger**

Schlußwort

em. Prof. Dr. Dr. h.c. Oswald Hahn
Friedrich-Alexander-Universität
Erlangen-Nürnberg

Als Ergebnis dieser Tagung können wir in aller Kürze fünferlei festhalten.

1. Die Personalstärke der Streitkräfte Gesamtdeutschlands hat sich innerhalb der letzten zehn Jahre halbiert, was offenbar die Politiker veranlaßte, den Wehretat ebenfalls auf die Hälfte zurückzufahren. Im Hinblick auf die quantitative wie qualitative Zunahme der Aufgaben der Bundeswehr, angesichts der Vervielfachung der Bedrohungsszenarien und unter Berücksichtigung des Ersatzbedarfs von Waffensystemen ist das zwar nicht gerechtfertigt und angesichts der Wirtschaftskraft der Bundesrepublik Deutschland auch nicht notwendig. Die Politik will es aber anders, und deswegen müssen Mittel und Wege gesucht werden, um der Bundeswehr die Erfüllung ihrer Aufgaben trotzdem zu ermöglichen.

2. Die Bundeswehr bemüht sich intensiv um Aufwandbegrenzngen, aber im Hinblick auf die hohe Personalintensität sind die Möglichkeiten begrenzt.

3. Die Bundeswehr liegt mit ihrem Anteil an investiven Ausgaben unterhalb der NATO-Grenzen. Eine Reduzierung der Betriebsausgaben ist nur begrenzt möglich, eine Erhöhung der Mittel für den Einzelplan 14 scheidet aus. Das Investitionsdefizit ist daher nicht abbaubar, wohl aber das Defizit an investitionsbezogener Kapazität. Das ist allein durch Leasing möglich.

4. Leasing verursacht zwar höhere Kosten als Eigeninvestitionen und widerspricht damit dem Minimalprinzip der Wirtschaftlichkeit (Kostenminimierung bei vorgegebenem Ziel). Es reduziert aber den Bedarf an Haushaltsmitteln. Damit ist Leasing insgesamt wirtschaftlicher: Bei gegebenem Etat läßt sich ein höheres Ergebnis erreichen (Maximalprinzip der Wirtschaftlichkeit). Es ist absurd, das Leasing im Hinblick auf das Minimalprinzip mit Verweis auf §7 BHO abzulehnen. Die BHO läßt ausdrücklich sowohl das Minimal- als auch das Maximalprinzip alternativ als Erfüllung des Wirtschaftlichkeitsprinzips zu. In gleicher Weise entspricht Leasing dem Grundsatz der auf den jeweiligen Engpaß ausgerichteten Sparsamkeit: Mit Leasing können Haushaltsmittel des Einzelplans 14 für Investitionen eingespart und zur Deckung anderer Bedarfe im Verteidigungsetat eingestellt werden.

5. Immer dann, wenn der Leasinggeber jedoch eine „Vollversorgung" des Leasingobjekts übernimmt - also Wartung und Instandhaltung - kann Leasing auch kostenmäßig vorteilhafter werden als die Eigeninvestition. Das sollte allerdings nur als Nebeneffekt gelten. Der Hauptvorteil des Leasing besteht in einer Erhöhung der wehrmaterialbezogenen Kapazität.

Die Referenten

in chronologischer Reihenfolge

Prof. Dr. Dr. Oswald Hahn, * 1928

    1943-45 Kriegsteilnehmer und -gefangener

    1948/49 Industrielehre

    1949-53 Studium der Betriebswirtschaftslehre in Mannheim und Köln

    1954/55 Beamter Landeszentralbank

    1955-61 Assistent an der Universität Köln

       1960 Habilitation Betriebswirtschaftslehre

    1962-65 Prof. an der Universität Kabul in Afghanistan

    1967-96 Ordinarius Betriebswirtschaftslehre an der Universität Nürnberg

             Reserveoffizier der Luftwaffe, Oberst d.R. seit 1985

Generalmajor a.D. Dr. Johannes Gerber, * am 06.10.1919 in Friedrichsgrün

      1938 Reifeprüfung (Abitur) Humanistisches Gymnasium

      1938 Eintritt in ein Artillerieregiment: Einsatz auf verschiedenen Kriegsschauplätzen als Geschützführer (Uffz); Batterie- und Beobachtungsoffizier (Wachtmeister), Führer Stabskompanie (Lt, Olt), Ordonnanzoffizier bei einer Division und Batterie-chef (Olt; Hptm); verschiedene Tapferkeitsauszeichnungen

  1943 - 1946 amerikanische Gefangenschaft

  1946 - 1948 Kaufmännische Lehre

  1948- 1950 Studium der Betriebswirtschaft an der Uni Mannheim, Dipl.-Kaufmann

      1954 Steuerberater

      1956 Eintritt in die Bundeswehr, verschied. Verwendungen in der Truppe, an Schulen sowie nationalen und internationalen Stäben

      1962 Promotion mit dem Thema: „Betriebswirtschaftliche Grundlagen für die Führung von Streitkräften"

10.1973 Beförderung zum Generalmajor;
letzte Dienststellung: Stellvertretender Kommandierender General des III. Korps, Koblenz

10.1980 Versetzung in den Ruhestand
Verfasser von ca. 125 Beiträgen in Zeitschriften, Zeitungen und Sammelwerken über
militärökonomische und betriebswirtschaftliche Themen
Lehraufträge an zahlreichen Universitäten und Fachhochschulen sowie Vortragstätigkeit
über militärökonomische Themen

Hptm d.R. Martin Faust, * am 23.11. 1967 in Würzburg

Akademische Ausbildung

1989 - 1995 Studium der Betriebswirtschaftslehre an der Bayerischen Julius-Maximilians-Universität
in Würzburg, Abschluß zum Dipl. Kfm. Univ.

Seit 1996 Doktorand bei Herrn Professor Dr. Dr. Oswald Hahn an der
Friedrich-Alexander-Universität in Erlangen-Nürnberg
Thema der Dissertation: „Betriebswirtschaftliche Probleme multinationaler Truppenteile"

1996 Zwei Monate Literaturrecherchen und -arbeit an der US Naval Postgraduate School,
Monterey, Kalifornien, USA

Wehrdienst und Bundeswehr

1987 - 1989 Soldat auf Zeit für zwei Jahre in der Fallschirmjägertruppe
1989 - 1995 Verwendungen in Führungs-, Stabs- und Ausbilderfunktionen sowie Lehrgangsteilnahme
in der Bundeswehr und den Streitkräften verbündeter Nationen

11.95 - 04.96 Sicherungszugführer des Eurokorps in Straßburg

08.96 - 01.97 Verschiedene Funktionen im Rahmen des GECONIFOR (L) - Einsatzes im ehemaligen
Jugoslawien

Praktika und praktische Tätigkeiten (Auswahl)
1993 Drei Monate Assistent der Geschäftsführung einer Computerfirma in Dallas, Texas, USA

1994/95 Sechs Monate Analyse und Gestaltung einer verbesserten, rechnerunterstützten Kosten-
rechnung im Bayerischen Staatsbad Bad Brückenau, dabei Mitarbeit am Konzept zur
Privatisierung

1996 Zwei Monate Assistent des Chief und des Finance Officers des Finance Management and
Support Service Office in den Headquarters der United Nations in New York, N. Y., USA

MdB Klaus Dieter Reichardt, * am: 14.07.1954

Angestellter, ev.; verh.; 3 Kinder, 68535 Edingen-Neckarhausen

1979   Examen zum Studium Theologie und Geschichte

Tätigkeit an der Uni Heidelberg und in der Ernährungswirtschaft

1987   Pressesprecher des Ministeriums für ländlichen Raum, Ernährung, Landwirtschaft und Forsten Baden-Württemberg

1993   Leiter der Zentralstelle
1994   Vertreter des Ministeriums an der Landesvertretung von Baden-Württemberg beim Bund in Bonn

1972   Mitglied der CDU und JU

1984/87   Bezirksvorsitzender der JU Nordbaden

1991   Pressesprecher und Mitgl. des geschäftsführenden Bezirksvorstands der CDU Nordbaden

1994   Vorsitzender der CDU Edingen-Neckarhausen

seit 1994   MdB Wahlkreis 180 (Mannheim II)

DirBWB Wulff Sellmer, * am 15.02.1944

Abitur 1964 in Herdeke/Ruhr

Jurastudium in Berlin, München, Bochum
nach dem 2. Staatsexamen Eintritt in die Bundeswehrverwaltung
Vertragsreferat für Kettenfahrzeuge im BWB in Koblenz
Marinearsenal Wilhelmshaven

BMVg Bonn: Wirtschaftsreferat für Wehrmaterial, Land

Leiter der Beschaffungsstelle 2 der Bw in Diepholz

Leiter Außenstelle in Berlin

seit 1997   Unterabteilungsleiter „Branchenorientierte Beschaffung"

RA-FA f. SteuerR Karl-Heinz Gimmler, * 1956, verheiratet

1974/75   Wehrdienst - bisher Jäger, ab 1998 Nachschuboffizier (Lt)

1975-1982 Studium Rechtswissenschaft und Politologie, 1. und 2. Staatsexamen mit Prädikat

1988   Rechtsanwalt, Mitinhaber der Sozietät Gimmler & Partner,

1992   Fachanwalt f. Steuerrecht und Geschäftsführer einer
        Steuerberatungsgesellschaft

seit 1989   Fachautor und Referent u.a. für Rechts- und Steuerfragen der
        Unternehmenskooperation und der Logistik sowie zu verschiedenen wehrverfassungs-
        und völkerrechtlichen Themen;
        u.a. „Das real existierende Warschauer Pakt-System und völkerrechtliche Möglichkeiten
        seiner Beendigung"
        Truppenpraxis 1990, S. 240ff. sowie zur wehrverfassungs- und
        völkerrechtlichen Rechtslage Deutschlands.

seit 1996   Dozent für Rechts- und Steuerfragen der Logistik an der
        Deutschen Logistikakademie in Bremen sowie Referent bei
        zahlreichen Wirtschaftsseminaren: IIR, Euroforum,
        Deutsche Gesellschaft für Logistik, DQC etc.

        Laufende Dissertation im Fach Politikwissenschaft an der
        Universität Bonn zum Thema: „Die Abgrenzung zwischen Recht und Politik im
        gewaltenteiligen Verfassungsstaat des Grundgesetzes am Beispiel des
        Fachpolitikbereiches Verteidigungs- und Sicherheitspolitik"

        Mitglied im Verband der Reservisten der
        Deutschen Bundeswehr, Deutsche Atlantische Gesellschaft,
        stv. Sektionsleiter der Gesellschaft für Wehr- und
        Sicherheitspolitik, Sektion Koblenz,
        Mitglied der Gesellschaft für Wehrrecht und Kriegsvölkerrecht

Dr. Martin Füllenbach, * am 1. Mai 1968 in Feuchtwangen, verheiratet, 2 Töchter

        Offizier der Bundeswehr im Dienstgrad „Hauptmann"

seit 1996   Adjutant beim General für Nationale Territoriale Aufgaben und
        Bevollmächtigter für Aufwandsrationalisierung/ Kosten- und
        Leistungsverantwortung im Heeresführungskommando in Koblenz

1993-1996   Zugführer und Wachleiteroffizier, Fernmeldebereich 72 in Feuchtwangen

        Ausbildung zum Offizier der Fernmelde- und Elektronischen Aufklärung der
        Luftwaffe in Feuchtwangen, Lechfeld und Trier

10.1994   Teilnahme am United Nations Military Observer Course

1995   Einsatzzugführer beim 4° Regiment du gènie in Lyon

1995 - 1996 Einsatz als Operations Officer beim Combined Air Operations Center/
             5th Allied Tactical Air Force in Vicenza/ Italien

1996 Einsatz bei Special Forces Command Brindisi/ South European Task Force in
      Banja Luka/ Bosnien und Split/ Kroatien

Aus- und Schulbildung:
1993-1997 Promotion zum Doktor der Wirtschafts- und Sozialwissenschaften
           (Dr. rer. pol.) an der Friedrich-Alexander-Universität, Erlangen-Nürnberg mit
           dem Thema: „Leasing von Wehrmaterial" (Note:1,6)

1989-1993 Studium der Wirtschafts- und Organisationswissenschaften an der Universität
           der Bundeswehr, München (Diplom-Kaufmann); Prädikatsexamen

1987-89 Ausbildung zum Offizier in Klosterlechfeld und Fürstenfeldbruck

Interessen:
             Politik und Zeitgeschichte
             Kirchenmusik des Barock
             Skisport

Rudolf Fang, Geschäftsführer, * am 20. August 1954 in Waldbronn

1971-74 Ausbildung zum Industriekaufmann

1974-75 Wehrdienst bei der Luftlandedivision in Calw

1975 Aufnahme der Tätigkeit bei Bardusch Ettlingen

1977-79 Ausbildung zum Programmierer/ Organisator

1977 Leiter der Auftragsabwicklung

1978 Leiter der DV-Abteilung/ Bardusch Gruppe Deutschland mit 3 Niederlassungen

1984 Handlungsbevollmächtigter

1986-87 Ausbildung zum Personalleiter

1987 Personalleiter Bardusch Gruppe Deutschland mit 4 Niederlassungen

1988 Prokura

1989-90 Ausbildung zum Controller

1990 Personalleiter und Leiter für Rechnungswesen/ Unternehmensplanung/ Controlling der
      Bardusch-Gruppe Deutschland mit 5 Niederlassungen

1993 Ernennung zum stellvertretenden Geschäftsführer

1994   Ernennung zum Geschäftsführer der Bardusch-Gruppe Deutschland
       mit 10 Niederlassungen und Depots sowie für die Purotex GmbH, Dresden

Ehrenamtliche Tätigkeiten:
       seit 1984 Mitglied des Gemeinderates Waldbronn (12.000 Einwohner)
       seit 1984 Mitglied des Beirates der Kurverwaltungsges. Waldbronn
       seit 1988 Mitglied der Tarifkommission TATEX

Die Teilnehmer

in alphabetischer Reihenfolge

Karl-Heinz Böhm .Dipl. Verwaltungswirt
Am Nohleberg 19
35719 Angelburg

Gerhard Brugmann . . . . .Generalmajor a.D.
Westermoor 1a
25779

Peter Brüggemann .Soldat (HFüKdo)
Steinstr. 25
56337 Eitelborn

Heinrich Busse . . . . .Dipl. Ing.
Zedernstr. 59
68542 Heddesheim

Rudolph Fang . . . . .Geschäftsführer
Hohbergst. 41
76377 Waldbronn

Martin Faust . . . . .Hptm d.R. /Doktorand
Mariannhillstr.15
97074 Würzburg

Dr. Martin Füllenbach . . . . .Soldat
Im Eichelstück 3
56414 Dreikirchen

Dr. Johannes Gerber . . . . .Generalmajor a.D.
Kaiserin Aug. Anl. 10
56068 Koblenz

Karl-Heinz Gimmler . . . . .RA / FA für SteuerR
Schützenstr. 68a
56203 Höhr-Grenzhausen

Josef Görgens . . . . .Unternehmensberater
Erzberger Str. 14
56637 Plaidt

Stefan Grothoff . . . . .Angestellter
Luisenstr. 21
44137 Dortmund

Prof. Dr.Dr. h.c. Oswald Hahn . . . . .em. Uni.-Prof.
Waldstr. 44
90607 Rückersdorf

Ludwig Harrer .... Dipl. Ing.
Gerhardt-Hauptmann-Weg 87
84478 Waldkraiburg

Ralph Huber .... Berater
Walter-Kolb-Str. 10
60594 Frankfurt

Steffen Jung .... Unternehmensberater
Am Sonnenberg 14
56191 Weitersburg

Dr. Günter Kießling .... General a.D.
Hollesenpark 2
24768 Rendsburg

Prof. Dr. G. Kirchhoff .... em. Prof.
Pollnstr. 3a
85221 Dachau

Rudolf Kleis .... Geschäftsführer
Naringerstr. 39
83620 Feldkirchen Westerham

Paul-Werner Krapke .... Dipl.Ing.
Am Kehr 11
56330 Kobern-Gondorf

Dietmar Kraus .... Dipl. Ing.
Kirchstr. 8
83126 Flintsbach

Fritz-J. Kunze .... Brigadegeneral a.D.
Erfurter Str. 46
56075 Koblenz

Hartmut Leuschner .... Rentner
Klosterweg 30
83629 Weyarn

Eibe Löffler .... Berater KPMG
Kapellenstr. 25
82008 Unterhaching

Werner Meding .... Berater
Reucherstr. 49
22043 Hamburg

Thomas Müller-Wiesen . . . . .Rechtsanwalt
Hermann-Oberth-Str. 22
85640 Putzbrunn

Klaus Dieter Reichardt . . . . .MdB
Winzerstr. 3
68535 Ebingen-Neckarshausen

Wolfgang Reineke .Berater
Schloß Wolfsbrunnenweg 25
69118 Heidelberg

Oliver Reinhart . . . . .Regierungsrat
Auf der Ochsenhell 8
56072 Koblenz

Dr. Rainer Reinhart . . . . .MinR a.D.
Bothestr. 128
69126 Heidelberg

Dr. Wolfgang Schikowski . . . . .Soldat (BMVg)
Schlegelweg 23A
53340 Meckenheim

Wulff Sellmer . . . . .Jurist (BWB)
Marktstr. 13a
56470 Bad Marienberg

LTC Peter O. Simon . . . . .U.S. Army Offizier
Rosenäcker 20
91688 Bad Kissingen-Albertshausen

Klaus Walther . . . . .Regierungsdirektor
Alletseestr. 10
82497 Unterammergau

Matthias Witt . . . . .Dipl. Kaufmann
Grenzhauser Str. 16a
56191 Weitersburg

Günther Wyrwoll . . . . .Soldat
Marienburger Str. 124
53340 Meckenheim